Arabic

For Non-native Speakers

تعليم اللغة العربية لغير الناطقين بها

مرفق مع الكتاب قرص مدمج يحتوي على التسجيلات الصوتية

إعداد :
أمل رواش

المراجعة والتسجيلات:
أكـرم مـؤمن

اســـم الكتـــاب : Arabic for Non-native Speakers/ by Amal Rawach

اســـم المؤلـــف : Amal ،Rawach

رقـــم الإيـــداع : ٢٠٠٩/٢١١٩١

الترقيم الدولى : ٥-٦٠٨-٢٧٧-٩٧٧-٩٧٨

تصميم الغلاف الفنان: إبراهيم محمد إبراهيم

تطلب جميع مطبوعاتنا من وكيلنا الوحيد بالمملكة العربية السعودية

مكتبة الساعي للنشر والتوزيع

ص.ب ٥٠٦٤٩ الرياض ١١٥٣٣ ــ هاتف: ٤٣٥٣٧٦٨ ــ ٤٣٥١٩٦٦ ــ ٤٣٥٩٠٦٦
فاكس: ٤٣٥٥٩٤٥ جوال: ٠٥٥٠٦٧١٩٦٧
جدة: هاتف/ فاكس: ٦٢٩٤٣٦٧ جوال: ٠٥٥٠٦٧١٩٧٦
E-mail: alsaay99@hotmail.com

مطابع العبور الحديثة - القاهرة
تليفون: ٤٦٦٥١٠١٣ فاكس: ٤٦٦٥١٥٩٩

دار الطلائع
للنشر والتوزيع والتصدير

٤٢ شارع علي أمين امتداد مصطفى النحاس ـ مدينة نصر ـ القاهرة
تليفون: ٢٤٠١٥٢٧٨ - ٢٤٠١٥٢٧٩ (٢٠٢)
فاكس: ٢٤٠٤٣٨٠٣ (٢٠٢)
E-mail : info@altalae.com
Web site: www.altalae.com

إعادة طبع Reprint
2011

Many people will come to this book because they are interested in Arabic, others will come to it because they work in Arab countries.

This book meets the needs of English-speaking people who find difficulty in reading and understanding Arabic. We'll be very pleased to help them.

This book summarizes important background information about Arabic language, but doesn't go into details. A fuller picture can be obtained only by reading the whole book.

I advise the readers to start carefully with the keys of pronunciation.

I hope you will find this book useful.

Amal Rawach

أبيض

UNIT 1

THE ARABIC ALPHABET

الحروف الأبجدية العربية

al-huruf al-abjadeah al-arabiyyah

Notes:

- Arabic is written from right to left.

- Arabic Alphabet consists of 28 letters.

Look at the following Arabic letters and the examples and listen to them. Each letter is followed by three examples.

Beginning of recorded material

(*File No. 01*)

Final	Middle	Pronunciation	The English letter	The Arabic letter+Example
ـا أنا Anna I	ـا صباح Sabah morning	Alef	a	ا (أ) أمل Amal «hope»
ـب طيب Tayyeb kind	ـبـ مكتبى Maktabi My desk	Ba	b	ب باب bab door

5

Final	Middle	Pronunciation	The English letter	The Arabic letter+Example
ـت (1) بنت bent girl	ـتـ مستحيل Mustaheel impossible	ta	t	ت سيارات sayyaraat cars
ـث ثلث tholth one-third	ـثـ الثلاثاء Al-tholatha tuesday	the	th	ث ثلاث thalath three
ـج ثلج thalg ice	ـجـ يـجيب yogeeb answer	gim	j	ج تاج tag crown
ـح ينجح yangah succeed	ـحـ يـحب yoheb love	ha	h	ح يطرح yatrah subtract
ـخ يضخ yadokh pump	ـخـ متخصص mutakhassis specialized	kha	kh	خ طباخ tabakh cook
ـد مصعد mis'ad lift	ـد حديد hadid iron	dal	d	د رماد ramad ash
ـذ فولاذ Fulaz steel	ـذ كذبة kadibah a lie	thal	th	ذ ساذج sazag fool

Final	Middle	Pronunciation	The English letter	The Arabic letter+Example
ـر سر sir secret	ـر فرشة forshah brush	ra	r	ر رأس Ra's head
ـز عاجز Agiz helpless	ـز يمزق yomzzeq tear	za	z	ز كرز karaz cherry
ـس قوس qous arc	ـسـ فستان fustan a dress	sin	s	س ساق saq leg
ـش عش ush nest	ـشـ ريشة rishah feather	shin	sh	ش شلال shallal cataract
ـص قفص qafas cage	ـصـ محصول mahsul crop	sad	s	ص صديق sadiq friend
ـض يعض ya'od bite	ـضـ يمضغ yamdogh chew	dad	d	ض ضرائب daraeb tax

Final	Middle	Pronunciation	The English letter	The Arabic letter+Example
ظ	ظ	zaa	z	ظ
فظ	عظيم			ظاهر
faz	uzim			zahir
rude	great			clear
ع	ـعـ	ain	aa	ع
موضع	سعيد			عطشان
mawdea'	sa'id			atshan
position	happy			thirsty
غ	ـغـ	ghain	gh	غ
يبلغ	مشغول			غريب
youbalegh	mashghool			ghareeb
inform	busy			strange
ـف	ـفـ	faa	f	ف
ضعيف	خفيف			فن
daeef	khafif			fann
weak	light			art
ـق	ـقـ	qaf	q	ق
يُحلق	سقف			يحلق
youhaleq	saqf			yahlaq
fly	ceiling			shave
ـك	ـكـ	kaf	k	ك
مستهلك	يكتب			كبير
mustahlik	yaktob			kabeer
consumer	write			big
ـل	ـلـ	lam	l	ل

Final	Middle	Pronunciation	The English letter	The Arabic letter+Example
طويل tawil tall	حلم hulm dream			يسأل yass'al ask
ـم مسلم moslim muslim	ـمـ قميص qamis shirt	mim	m	م ملك malek king
ـن عشرون eshroun twenty	ـنـ الناس An-naas people	nùn	n	ن فنان fanan artist
ه يكره yakrah hate	ـهـ ظهرا dhohran noon	haa	h	هـ هواء hawaa air
ـو يلهو yalhoo play	ـو يقول yaqool say	waw	w	و وادى waddey valley
ـى ينحنى yanhany bent	ـيـ أبيض abyad white	yaa	y	ى / يـ يجرى yagrey run

End of recorded material

9

More Examples *amthela okhra* أمثلة أخرى

English word	*How to say it*	*Arabic word*
1- tea	shaai	١ ـ شاى
2- money	nokod	٢ ـ نقود
3- a student	taalib	٣ ـ طالب
4- health	sehha	٤ ـ صحة
5- happy	saaeed	٥ ـ سعيد
6- a country	balad	٦ ـ بلد
7- an Indian	Hendi	٧ ـ هندى
8- cold	bared	٨ ـ بارد
9- a name	ism	٩ ـ اسم
10- nationality	jinsiyya	١٠ ـ جنسية
11- a pen	qalam	١١ ـ قلم
12- a child	tifl	١٢ ـ طفل
13- a house	manzel	١٣ ـ منزل
14- a teacher	mudarris	١٤ ـ مدرس
15- a man	rajul	١٥ ـ رجل
16- light	noor	١٦ ـ نور
17- a year	sanah	١٧ ـ سنة
18- a month	shahr	١٨ ـ شهر
19- sugar	sukar	١٩ ـ سكر
20- want	ureed	٢٠ ـ أريد
21- hall	salah	٢١ ـ صالة
22- dinars	dananeer	٢٢ ـ دنانير
23- a flat	shaqqa	٢٣ ـ شقة

24- certificate	shahadah	٢٤ ـ شهادة
25- an appointment	mau-ed	٢٥ ـ موعد
26- today	Al-yaum	٢٦ ـ اليوم
27- late	muta'akhir	٢٧ ـ متأخر
28- tomorrow	ghadan	٢٨ ـ غدا
29- paper	waraqah	٢٩ ـ ورقة
30- crowded	muzdahim	٣٠ ـ مزدحم
31- holiday	ejaazah	٣١ ـ إجازة
32- sick	mareed	٣٢ ـ مريض
33- card	betaqah	٣٣ ـ بطاقة
34- license	ejazat	٣٤ ـ إجازة
35- French	qiyada (roksa)	قيادة (رخصة)
	Al-fransiyah	٣٥ ـ الفرنسية
36- week	usboo-a	٣٦ ـ أسبوع
37- university	jameah	٣٧ ـ جامعة
38- color	laun	٣٨ ـ لون
39- journalism	sahafah	٣٩ ـ صحافة
40- college	kulliah	٤٠ ـ كلية
41- a son	ibn	٤١ ـ ابن
42- sun	shams	٤٢ ـ شمس
43- vacation	utlah	٤٣ ـ عطلة
44- a hospital	mustashfa	٤٤ ـ مستشفى
45- salary	rateb	٤٥ ـ راتب
46- a friend	sadiq	٤٦ ـ صديق
47- a doctor	tabeeb	٤٧ ـ طبيب

48- a brother	akh	٤٨ ـ أخ
49- a sister	okht	٤٩ ـ أخت
50- came	jaa	٥٠ ـ جاء
51- last night	al-barehah	٥١ ـ البارحة
52- a wife	zaujah	٥٢ ـ زوجة
53- plane	taerah	٥٣ ـ طائرة
54- kitchen	matbakh	٥٤ ـ مطبخ
55- market	soq	٥٥ ـ سوق
56- advertisement	e.alaan	٥٦ ـ إعلان
57- newspaper	jareedah	٥٧ ـ جريدة
58- buy	yashtari	٥٨ ـ يشترى
59- food	akl	٥٩ ـ أكل
60- young	sagheer	٦٠ ـ صغير
61- water	maa'	٦١ ـ ماء
62- education	tarbia	٦٢ ـ تربية
63- an embassy	sefarah	٦٣ ـ سفارة
64- passport	jawaz safar	٦٤ ـ جواز سفر
65- an officer	dabit	٦٥ ـ ضابط
66- things	aghrad	٦٦ ـ أغراض
67- early	mubakkir	٦٧ ـ مبكر
68- opened	maftooh	٦٨ ـ مفتوح
69- old	ajooz	٦٩ ـ عجوز
70- cheap	rakhees	٧٠ ـ رخيص
71- maybe / perhaps	jaiz	٧١ ـ جائز

72- a shoe	hiza'	٧٢ ـ حذاء
73- a letter	risalah	٧٣ ـ رسالة
74- nearby	qareeb	٧٤ ـ قريب
75- bill	fatoorah	٧٥ ـ فاتورة
76- bus-stop	mauqif	٧٦ ـ موقف
	al-otobis	الأتوبيس
77- the nurse	Al-mumaridah	٧٧ ـ الممرضة
78- temperature	hararah	٧٨ ـ حرارة
79- pain	alam	٧٩ ـ ألم
80- nice/ kind	tayyeb	٨٠ ـ طيب
81- marriage	zawaaj .	٨١ ـ زواج
82- busy	mashghool	٨٢ ـ مشغول
83- Friday	jumah	٨٣ ـ الجمعة
84- fruit	fawakeh	٨٤ ـ فواكه
85- fresh	taazij	٨٥ ـ طازج
86- palace	qasr	٨٦ ـ قصر
87- a bed	sareer	٨٧ ـ سرير
88- a bathroom	hammam	٨٨ ـ حمّام
89- a room	ghurfah	٨٩ ـ غرفة
90- sea	bahr	٩٠ ـ بحر
91- museum	mat-haf	٩١ ـ متحف
92- clean	nadheef	٩٢ ـ نظيف
93- a mountain	jabal	٩٣ ـ جبل
94- a place	makaan	٩٤ ـ مكان
95- summer	saif	٩٥ ـ صيف

96- beside	janeb	٩٦ ـ جانب
97- ice	thalj	٩٧ ـ ثلج
98- under	taht	٩٨ ـ تحت
99- hot	haar	٩٩ ـ حار
100- an area	mintaqa	١٠٠ ـ منطقة
101- here	hona	١٠١ ـ هنا
102- a boat	qareb	١٠٢ ـ قارب
103- must	laazim	١٠٣ ـ لازم
104- mail	bareed	١٠٤ ـ بريد
105- telegram	barqiya	١٠٥ ـ برقية
106- person	shakhs	١٠٦ ـ شخص
107- a manager	mudeer	١٠٧ ـ مدير
108- a bank	masraf	١٠٨ ـ مصرف
109- a court	mahkamah	١٠٩ ـ محكمة
110- a judge	qadi	١١٠ ـ قاضى
111- the president	al-raees	١١١ ـ الرئيس
112- a government	hukoomah	١١٢ ـ حكومة
113- service	khidmah	١١٣ ـ خدمة
114- profit	ribh	١١٤ ـ ربح
115- business	tijaarah	١١٥ ـ تجارة
116- marchant	taajir	١١٦ ـ تاجر
117- an effort	maj-hood	١١٧ ـ مجهود
118- a ticket	tadkarah	١١٨ ـ تذكرة
119- work	amal	١١٩ ـ عمل

120- time	waqt	١٢٠ ـ وقت
121- picture	soorah	١٢١ ـ صورة
122- fast	sareeع	١٢٢ ـ سريع
123 information	ma-'aloomat	١٢٣ ـ معلومات
124- sciences	uloom	١٢٤ ـ علوم
125- behavior	solook	١٢٥ ـ سلوك
126- problem	mushkilah	١٢٦ ـ مشكلة
127- words	kalemat	١٢٧ ـ كلمات
128- an accident	haadith	١٢٨ ـ حادث
129- fortune/wealth	tharwah	١٢٩ ـ ثروة
130- chance	fursah	١٣٠ ـ فرصة
131- fact	haqeeqah	١٣١ ـ حقيقة
132- books	kutob	١٣٢ ـ كتب
133- hate	yakrah	١٣٣ ـ يكره
134- news	akhbaar	١٣٤ ـ أخبار
135- reading	qirra'h	١٣٥ ـ قراءة
136- dentist	tabeeb	١٣٦ ـ طبيب
	asnaan	أسنان
137- translation	trjamah	١٣٧ ـ ترجمة
138- the world	al-aalam	١٣٨ ـ العالم
139- an army	jaish	١٣٩ ـ جيش
140- happiness	sa-adah	١٤٠ ـ سعادة
141- law	qanoon	١٤١ ـ قانون
142- a loss	khosarah	١٤٢ ـ خسارة
143- temple	ma-'bad	١٤٣ ـ معبد

144- a company	shareka	١٤٤ ـ شركة
145- today	al-yaum	١٤٥ ـ اليوم
146- difficult	saa'b	١٤٦ ـ صعب
147- a train	qitar	١٤٧ ـ قطار
148- rivers	anhar	١٤٨ ـ أنهار
149- a subject	mawdoo'	١٤٩ ـ موضوع
150- environment	bee-ah	١٥٠ ـ بيئة
151- general	'aamm	١٥١ ـ عام
152- road	tariq	١٥٢ ـ طريق
153- church	kanisah	١٥٣ ـ كنيسة
154- brush	furshah	١٥٤ ـ فرشاة
155- beach	shati	١٥٥ ـ شاطئ
156- fish	samakah	١٥٦ ـ سمكة
157- father	ab	١٥٧ ـ أب
158- clock	saa'	١٥٨ ـ ساعة
159- black	aswad	١٥٩ ـ أسود
160- knee	rukbah	١٦٠ ـ ركبة
161- rock	sakhrah	١٦١ ـ صخرة
162- century	qarn	١٦٢ ـ قرن
163- wrong	khata'	١٦٣ ـ خطأ
164- great	azim	١٦٤ ـ عظيم
165- ring	khatim	١٦٥ ـ خاتم
166- horse	hosan	١٦٦ ـ حصان
167- lion	asad	١٦٧ ـ أسد

168- garden	hadiqah	١٦٨ ـ حديقة
169- hotel	funduq	١٦٩ ـ فندق
170- street	shari'	١٧٠ ـ شارع
171- window	nafidah	١٧١ ـ نافذة
172- dog	kalb	١٧٢ ـ كلب
173- queen	malikah	١٧٣ ـ ملكة
174- uncle	am /	١٧٤ ـ عم /
	khal	خال
175- husband	zawg	١٧٥ ـ زوج
176- bird	ta'ir	١٧٦ ـ طائر
177- pencil	qalam-rosas	١٧٧ ـ قلم رصاص
178- maid-servant	kadimah	١٧٨ ـ خادمة
179- a sheep	kharuf	١٧٩ ـ خروف
180- cities	mudun	١٨٠ ـ مدن
181- grand-father	jadd	١٨١ ـ جد
182- an apple	tuffahah	١٨٢ ـ تفاحة
183- desert	sahra'	١٨٣ ـ صحراء
184- a woman	imra'at	١٨٤ ـ امرأة
185- fire	nar	١٨٥ ـ نار
186- forest	ghabah	١٨٦ ـ غابة
187- fuel	waqood	١٨٧ ـ وقود
188- island	gazira	١٨٨ ـ جزيرة
189- rain	matar	١٨٩ ـ مطر
190- sand	raml	١٩٠ ـ رمل
191- oasis	waha	١٩١ ـ واحة

192- smoke	dukhan	١٩٢ ـ دخان
193- salt	milh	١٩٣ ـ ملح
194- university	Jam'ah	١٩٤ ـ جامعة
195- dress	reda'	١٩٥ ـ رداء
196- friend	sadiq	١٩٦ ـ صديق
197- enemy	'adow	١٩٧ ـ عدو
198- democracy	demoqratyah	١٩٨ ـ
199- media	'elam	ديمقراطية
200- singer	motreb	١٩٩ ـ إعلام
		٢٠٠ ـ مطرب

Arabic

For Non-native Speakers

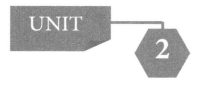

UNIT 2

ARTICLES

Al-adawat الأدوات

(Recorded – File No. 02)

[1] There are no indefinite articles in the Arabic language [a/ an]

• Examples :

1- I have **a cat** ‘endy qetah. عندي **قطة**

2- There is **an apple** in the disk.

ugad tofaha’ fit-tabaq يوجد **تفاحة** في الطبق .

3- There is **a boy** playing in the garden.

honaka walad ylaa’b fel hadeqa هناك **ولد** يلعب في الحديقة .

4- My father is **an engineer.**

waledi mohandeson والدي **مهندس** .

5- He bought **a house**.

enaho eshtara manzelan إنه اشترى **منزلا**.

[2] There is an indefinite articles in the Arabic language [The] , but it is joined to the noun :

• Examples :

1- He gave me **the** bag.

a'atani **Al**-haqibba . أعطانى **الـ**حقيبة

2- They sent **the** letter by air mail.

arsalow **Al**-khetab bel barid aljwi. أرسلوا **الـ**خطاب بالبريد الجوى

3- She cleans **the** house every week.

إنها تنظف **الـ**منزل كل أسبوع.

Enahaa tonazef al-manzel kola esboua.

4- My mother washed **the** dishes.

ghasalat Omi Al-atbaq .غسلت أمى **الأ**طباق

5- We listen to the music.

نحن نستمع إلى الـموسيقى. Nahno nastame'a ela Al-moseqa

UNIT 3

PRONOUNS

ad-damai'r الضمائر

Listen to the following. Practice reading and writing them several times.

Beginning of recorded material

(*File No. 03*)

[1] *Subject Pronouns :* ضمائر الفاعل *Damai'r al fa'il*

1- I	أنا

Anna I am Indian

إننى	أنا هندي = إننى هندي
enany	anna hendi = enany hendi

2- He	هو	Howa

He has a car.

إنه	هو لديه سيارة = إنه لديه سيارة
enaho	howa ladyhe sayarah = enaho ladyhe sayarah

3- She	هى	Heya

She reads a story.

إنها	إنها تقرأ قصة - هى تقرأ قصة
enaha	heya taqra' qessah – enaha taqra' qessah

4- It	هو / هى	for animals and things

Heya/howa   1- The cat drinks milk.

. al-ketah tashrab labanan القطة تشرب لبنا.

إنه / إنها

enaho / enaha 2- It is my pencil.

. Enaho qalamey . إنه قلمى

5- you (singular)	anta أنت
You are clever.	anta maher أنت ماهر.
6- You (plural)	antom أنتم

You are playing football.

antom talaaboon korat al kadam أنتم تلعبون كرة القدم.

7- We	nahno نحن

We went to Bakistan.

nahno dhahabna ela Bakestan نحن ذهبنا إلى باكستان.

8- They → (masculine)	Hom = Enahom هم / أنهم

They travel by train.

enahom yossafroon bel qetar إنهم يسافرون بالقطار

They → famine Hona هن .

They (The ladies) are coming to England.

hona qadematon ele Engltera هن قادمات إلى إنجلترا.

huma هما → [for two persons]

[2] Object Pronouns. *Damai'r al maf'ol* ضمائر المفعول

1- me le - ny لى / نى .

He brought **me** a book

enaho ahdar le ketaban إنه أحضر لى كتابا.

enaha kalamatny إنها كلمتنى.

2- him lahu / hu له / ـه .

I lent **him** some money.

. aqradtaho ba'ad al-mall أقرضته بعض المال

3- her laha - ha لها - ها .

We offered **her** a reward.

nahno manhnaha ja'iza نحن منحناها جائزة.

4- it lahu / laha له / لها .

We gave **the dog** a slice of meat.

We gave **it** a slice of meat.

aatynahu sharehatan menal-lahm أعطيناه شريحة من اللحم.

5- You → (muscline) laka لَكَ .

→ (famine) laki لكِ .

anna arsalt laka / laki baa'ad al-zohor.

أنا أرسلت لكَ / لكِ بعض الزهور.

6- You → (plural / musculan) kum كم

→ (plural / famine) kuna كن

→ (for two persons) kuma كما

He saw you in the park.

enaho raakum fi al-hadeqa إنه رآكم فى الحديقة .

enaho raakun fi al-hadeqa إنه رآكن فى الحديقة .

enaho raakuma fi al-hadeqa إنه رآكما فى الحديقة .

7- us na / lana نا / لنا .

My father took us to the beach.

akhdana Abbi ela al-shati' أخذنا أبي إلى الشاطئ .

8- Them → (plural / musculan) hum هم

→ (plural / famine) hun هن

→ (for two persons) huma هما

The teacher is explaining the lesson to two pupils.

The teacher is explaining the lesson to **them**.

المدرس يشرح لهما الدرس.

al-mudares yashrah lahuma al-darss

[3] *Possessive Pronouns.*

damai'r al malkya ضمائر الملكية

1- my ey ى .

This is my book. Hatha ketabey .هذا كتابى

2- your / yours ka / كَ (musculine)

ki / كِ (famine)

This is your book Ahmed.

hatha ketabuka ya Ahmed .هذا كتابك يا أحمد

This is your book Fatma.

hatha ketabuki ya fatema هذا كتابك يا فاطمة.

3- His ho ـه

This is **his** book

hatha ketabaho هذا كتابه

4- her ha ها / ـها

This is her book

hatha ketaboha هذا كتابها

5- its ha ـه / ها / ـها

The dog licks its body.

yalako alkalba gasadaho يلعق الكلب جسده.

6- our na نا

This is our book.

hatha ketabana. هذا كتابنا

7- Yours (1) kum (2) kuna (3) kuma (١) كم (٢) كن (٣) كما

This book is yours.

هذا كتابكم / كتابكن / كتابكما .

hatha ketabukum / ketabakune / ketabakuma.

8- their (1) hum (2) huna (١) هم (٢) هن

This is their book.

هذا كتابهم / كتابهن .

hatha ketabohum / ketabahuna.

[4] Possessive Pronouns.

damai'r al malkya ضمائر الملكية

1- mine melki ملكى .

This house is mine.

hatha albait melki هذا البيت ملكى.

2- yours (1) melkaka (2) melkaki (١) ملكك (٢) ملككى

The car is yours (femine).

hathehe alsyara melkuka هذه السيارة ملكك.

3- his melkahu ملكه

The house is his.

al-manzel melkohu المنزل ملكه.

4- hers melkaha ملكها

This dress is hers.

hatha al thob melkaha هذا الثوب ملكها.

5- ours melkona ملكنا

The farm is ours.

al-mazraa melkona المزرعة ملكنا.

6- yours → melkakum ملككم .

→ melkakuma (for two persons) ملككما .

This shirt is yours.

hatha al kamis melkokum هذا القميص ملككم.

7- **theirs** → melkahum ملكهم .

→ melkauna ملكهن (For feminine)

→ melkahuma ملكهما (For two persons)

Is this building theirs?

hal Hatha al-mabna melkahum هل هذا المبنى ملكهم ؟

[5] *Demonstrative Adjectives.*

Damai'r al'Isharah ضمائر الإشارة

1- **this** Hatha هذا هذه → famine

This is a chair

hadha kursi. هذا كرسى.

2- **that** thaka ذاك

tilka تلك

That is a picture

tilka sourah. تلك صورة.

3- **those** ula'ik أولئك .

Those are my friends.

ulaika asdekai. أولئك أصدقائي.

End of recorded material

More Examples:

1- **He** telephoned yesterday.

Enaho etasal telephoneian ams **إنه** اتصل تليفونيا أمس.

2- **We** watch **him** for hours.

nahno narqibaho lesa‘ at **نحن** نرقبه لساعات.

3- Hasn‘t she arrived yet?

alam tasel ba‘ad ألم تصل بعد ؟

4- Are you going to talk to me ?

hal sawfa natahadath alaya هل سوف تتحدث إليَّ ؟

5- Don‘t ask him. la tas’alhu لا تسأله

6- These are my friends.

ha’olaa’ asdiqa’ey هؤلاء أصدقائى.

7- Who‘s got our money.

. man hasal ala malena من حصل على مالنا ؟

8- They changed their hotel.

hom ghayaro fondoqahum . هم غيروا فندقهم

9- Where‘s my pen?

ayna qalami أين قلمى ؟

10- That jacket is yours.

. hadha al me‘taf melkuk . هذا المعطف ملكك

11- The money is ours.

al-maal melkakuna . المال ملكنا

12- I forgot my keys.

nasayto mafateehi .نسيت مفاتيحي

13- Whose camera is this ? Is it yours?

ملك من هذه الكاميرا ؟ هل هىَّ ملكك ؟

melk man hathehi al-kamera hal heya melkuk

14- Do you like her new house?

hal yarooq laka manzelha algadid هل يروق لك منزلها الجديد ؟

15- We have known her for years.

nahno na'arefha month sineen . نحن نعرفها منذ سنين

16- She went home.

adat lelmanzel عادت للمنزل.

17- We said: " good bye."

nahno koulna ela al-leka' . نحن قلنا :"إلى اللقاء"

18- I left early.

anna ghadart bakeran . أنا غادرت باكرا

19- Has the dog had its food?

hal hasala al-kalb ala ta'ameh ? هل حصل الكلب على طعامه ؟

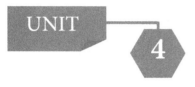

UNIT 4

NOUNS

al-asmaa الأسماء

Listen to the following words and sentences. Practice reading and writing them several times.

Beginning of recorded material

(*File No. 04*)

[*1*] *Singular , Dual & plural*

Al mofrad wa al muthanna wa al jam'a المفرد والمثنى والجمع

English	*singular*	*dual [double]*	*plural*
a boy boys	ولد walad	ولدان / ولدين waladan/waladine	أولاد awlad
a city cities	مدينة madinah	مدينتان / مدينتين madinatan/madinatine	مُدن modon
a mountain mountains	جبل jabal	جبلان / جبلين jabalan/jabaline	جبال jebal
a river rivers	نهر nahr	نهران / نهرين nahran/nahrine	أنهار anhar
a pen pens	قلم qalam	قلمان / قلمين qalaman/qalamine	أقلام aqlam
a sea seas	بحر bahr	بحران / بحرين bahran/bahrine	بحار behar
a dog dogs	كلب kalb	كلبان/كلبين kalban/kabine	كلاب kelab

English	singular	dual [double]	plural
a father fathers	أب ab	أبوان / أبوين abawan/abawine	أباء abaa'
a teacher teachers	معلم mu'alem	معلمان / معلمين mu'aleman/ mu'almine	معلمون / معلمين mu'alemon/ mualemeen
an apple apples	تفاحة tofaha	تفاحتان / تفاحتين tofahatan/tofahatine	تفاحات tofahat
a cat cats	قطة ketah	قطتان / قطتين kutatan/kutatine	قطط ketat
a chair chairs	مقعد mek'ad	مقعدان / مقعدين mek'adan/mek'adine	مقاعد makaa'id
a house houses	منزل manzel	منزلان / منزلين manselan/manseline	منازل manazel
a driver drivers	سائق sa'iq	سائقان / سائقين sa'iqan/sa'iqine	سائقون / سائقين sa'iqoon/ sa'iqeen
a family families	عائلة ilaa	عائلتان / عائلتين aaelatine /aaielatan	عائلات aaielat
a child children	طفل tefl	طفلان / طفلين teflan/tefline	أطفال atfal
a room rooms	غرفة ghorfah	غرفتان / غرفتين ghorfatan/ghorfatine	غُرف ghoraf
an airport airports	مطار matar	مطاران / مطارين mataran/matarine	مطارات matarat
a newspaper newspapers	مجلة magalah	مجلتان / مجلتين megalatan/megalatine	مجلات megalat
a market markets	سوق soq	سوقان / سوقين soqan/soqine	أسواق aswaq
a street streets	شارع shari'	شارعان / شارعين shar'an/shar'ine	شوارع shawari'
a thing things	شيء shayi'	شيئان / شيئين shayi'an/shaya'ine	أشياء ashyai'

English	singular	dual [double]	plural
a head heads	رأس raaas	رأسان / رأسين ra'asan/ra'asine	رؤوس ro'os
a husband husbands	زوج zawj	زوجان / زوجين zawjan/zawjine	أزواج aswaj
a lamp lamps	مصباح mesbah	مصباحان / مصباحين mesbahan/mesbahine	مصابيح masabeeh
a mouse mice	فأر fa'ar	فأران / فأرين fa'aran/fa'arine	فئران fi'ran
a plane plane	طائرة ta'ira	طائرتان / طائرتين ta'iratan/ta'iratin	طائرات ta'irat
a colour colours	لون lawn	لونان / لونين lawnan/lawnine	ألوان alwan
a sister sisters	أخت okht	أختان / أختين okhtan/okhtine	أخوات akhawat
a brother brothers	أخ akh	أخان / أخوين akhawan/akhawine	إخوة ekhwah
a cup cups	كوب kup	كوبان / كوبين kuban/kubine	أكواب akwab
a church churches	كنيسة kanisah	كنيستان / كنيستين kanisatan/kanisatine	كنائس kana'is
a watch watches	ساعة sa'ah	ساعتان / ساعتين sa'atan/sa'atine	ساعات saaat
a man men	رجل rajul	رجلان / رجلين rajulan/rajuline	رجال rejal
a friend friends	صديق sadiq	صديقان / صديقين sadiqan/sadiqaine	أصدقاء asdeqa'
a student students	طالب taleb	طالبان / طالبين taleban/talebine	طلاب tollab
news	خبر khabar	خبران / خبرين khabaran/khabarine	أخبار akhbar

End of recorded material

30

MASCULINE AND FEMININE NOUNS AND VERBS

English noun/verb	Arabic noun/verb	masculine مذكر	famine مؤنث
wear	يرتدى yartadi	يرتدى yartadi	ترتدى tartadi
a student	طالب talab	طالب talab	طالبة talabah
a teacher	معلم mo'alem	معلم mo'alem	معلمة mo'alemah
write	يكتب yaktub	يكتب yaktub	تكتب taktub
listen	يسمع yasma'a	يسمع yasma'a	تسمع tasma'a
see	يرى yara	يرى yara	ترى tara
an engineer	مهندس mohandess	مهندس mohandess	مهندسة mohandessah
a doctor	طبيب tabeeb	طبيب tabeeb	طبيبة tabeebah
a cat	قط kit	قط kit	قطة kitah
a dog	كلب kalb	كلب kalb	كلبة kalbah
run	يجرى yajri	يجرى yajri	تجرى tajri
child	طفل tefl	طفل tefl	طفلة teflah

English noun/verb	*Arabic noun/verb*	*masculine* مذكر	*famine* مؤنث
a friend	صديق sadiq	صديق sadiq	صديقة sadiqah
translator	مترجم motarjim	مترجم motarjim	مترجمة motarjimah
watch	يشاهد youshahed	يشاهد youshahed	تشاهد toushahed
read	يقرأ yaqra'a	يقرأ yaqra'a	تقرأ taqra'a
clean	ينظف younadhef	ينظف younadhef	تنظف tounadhef
patient	مريض mareed	مريض mareed	مريضة mareedah
judge	قاضى qadi	قاضى qadi	قاضية qadiah

More examples

1- Ahmed works in my father's office.

ahmed ya'amal fi maktab walidi أحمد يعمل في مكتب والدي.

2- Would someone open the door?

hal la'ahad an yaftah al-bab هل لأحد أن يفتح الباب ؟

3- After a few hours the plane take off.

ba'ad edat sa'aat aqla'at al-ta'ira بعد عدة ساعات أقلعت الطائرة.

4- She put her suitcase in the boat.

. wada'at haqibataha fi el-qareb وضعت حقيبتها في القارب.

5- I'm afraid I've broken the chair.

. Akhsha an akona kasart al-kursey أخشى أن أكون كسرت الكرسى

6- You will feel better after a holiday.

سوف تشعر بالتحسن بعد الإجازة.

sawfa tash'or betahasson ba'ad al agaza

7- This is Mr. Uthman, The manager.

hatha howa as-sayed Othman al-modeer .هذا هو السيد عثمان المدير

8- She sat on the carpet.

. jalasat ala al sejadah .جلست على السجادة

9- The doctor told me to have a rest.

طلب مني الطبيب أن آخذ راحة.

talaba meny Al-tabeeb ankhuth rahah

10- I need some sugar.

ahtaju ba'ad al-sukar .أحتاج بعض السكر

11- I bought a bunch or flowers.

eshtarayt baqa men al-zohour .اشتريت باقة من الزهور

12- The cat walked along the garden.

mashat Al-ketah fe al-hadiqa .مشت القطة في الحديقة

13- The dog was looking for its ball.

cana Al-kalb yabhath 'an korateh .كان الكلب يبحث عن كرته

14- My keys are in the pocket of my suit.

mafatihi fi jayp badlati .مفاتيحى فى جيب بدلتي

Arabic

For Non-native Speakers

UNIT 5

VERBS

al-afa'al الأفعال

Listen to the following. Practice reading and writing them several times.

Beginning of recorded material

(*File No. 05*)

[1] *The following verbs are some of the most common verbs in their present and past forms*

The present verbs	الفعل المضارع *Al fi'l al-mudare'a*	*The past verbs*	الفعل في الماضى *Al fi'l fi mady*
to thank	يشكر yashkur	thank	شكر shakara
to visit	يزور yazoor	visited	زار zaara
travel	يسافر yusafir	travelled	سافر safara
walk	يمشى yamshi	walked	مشى masha
sleep	ينام yanaam	slept	نام naama
happen	يحدث happen	happened	حدث hadatha
send	يرسل yursil	sent	أرسل arsala
build	يبنى yabni	built	بنى bana

The present verbs	الفعل المضارع *Al fi'l al-mudare'a*	The past verbs	الفعل في الماضي *Al fi'l fi mady*
find	يجد yajid	found	وجد wajada
think	يفكر yufakir	thought	فكر fakkara
write	يكتب yaktub	wrote	كتب kataba
say	يقول yaqul	said	قال qala
eat	يأكل ya'kol	ate	أكل akala
drink	يشرب yashrab	drank	شرب shareba
listen	يسمع yasma'a	listened	سمع same'a
sit	يجلس yajlis	sat	جلس jalas
pay	يدفع yadfa'a	paid	دفع dafa'a
cost	يكلف yukalif	cast	كلف kalaf
open	يفتح yaftah	opened	فتح fataha
shut	يغلق yaghleq	shut	أغلق aghlaqa
ask	يسأل yas'al	asked	سأل saal
accept	يقبل yaqbal	accepted	قبل qabala
grow	يربى yorabi	grew	ربى rabaa
cut	يقطع yaqta'a	cut	قطع qata'a

The present verbs	الفعل المضارع Al fi'l al-mudare'a	The past verbs	الفعل في الماضى Al fi'l fi mady
need	يحتاج yahtaaj	needed	احتاج ehtaja
feel	يشعر yash'ur	felt	شعر sha'ra
talk	يتكلم yatakalam	talked	تكلم takalam
speak	يتحدث yatahadath	spoke	تحدث tahadath
bring	يحضر yohder	brought	أحضر ahadara
fly	يطير yateer	flew	طار tara
lose	يخسر yakhsar	lost	خسر khasara
use	يستعمل yast'amil	used	استعمل ista'amal
understand	يفهم yafham	understood	فهم fahma
see	يرى yarra	saw	رأى ra-aa
fill	يملأ yamla-a'	filled	ملأ mala-a'
receive	يستلم yastalim	received	استلم istalama
wear	يلبس yalbes	wore	لبس labas
win	يفوز yafooz	won	فاز faza
ride	يركب yarkab	rode	ركب rakaba
promise	يعد ya'ed	promised	وعد wa'ada

The present verbs	الفعل المضارع *Al fi'l al-mudare'a*	*The past verbs*	الفعل في الماضي *Al fi'l fi mady*
jump	يقفز yaqfiz	jumped	قفز qafaza
cry	يبكى yabkee	cried	بكى baka
try	يحاول yuhaawil	tried	حاول haawal
wish	يتمنى yatamanna	wished	تمنى tamanna
forget	ينسى yansa	forgot	نسى nasa
marry	يتزوج yatazwaj	married	تزوج tazwaja
decide	يقرر yuqarrir	decided	قرر qarrara
love	يحب yuhibb	loved	أحب ahabb
manage	يدبر yudabbir	managed	دبر dabbar
appear	يظهر yadhhar	appeared	ظهر dhahara
collect	يجمع yajmma'	collected	جمع jamma'a
present	يقدم yuqaddim	presented	قدم qaddama
am, is, are	يكون yakoon	was, were	كان kana
have, has	يملك yamlok	had	ملك malaka
do, does	يفعل yafa'al	did	فعل fa'al
will	سوف	would	sawfaسوف
can	يستطيع yastate'a	could	استطاع estata'a

More examples

1- He was a doctor.

past ماضى ← enaho can tabeeba إنه كان طبيبا.

madi

2- She writes a letter.

مضارع ← heya taktub khetaban هي تكتب خطابا.

mudare-a present

3- The boy runs.

al-walad yagri الولد يجرى.

4- The woman talked to me.

. takalamat Al-mar'a ma'ay تكلمت المرأة معي.

5- The girl speaks English.

al-bent tatahadath Al-Englizia البنت تتحدث الإنجليزية.

6- The plane flew over the clouds.

tarat Al-taara fawqa al-sahab طارت الطائرة فوق السحاب.

7- They travelled to France.

. enahom safaro ela faransa إنهم سافروا إلى فرنسا.

[2] *The following verbs are in future tense (Future tense):*

Zaman al-mustakbal زمن المستقبل

Examples:

1- I **will** visit you

sawfa azorak **سوف** أزورك.

2- He **will** go to the school.

sawfa yazhab lel madrasah **سوف** يذهب إلى المدرسة.

3- Ahmed **will** eat meat.

ahmed sawfa ya'kul lahma أحمد **سوف** يأكل لحما.

4- Salma **will** clean her room.

Salma sawfa tonazef hogrataha سلمى **سوف** تنظف حجرتها

5- They **will** do their homework.

إنهم **سوف** يقومون بواجبهم.

enahom sawfa yaqomon bewagebhim

[3] Order   *Amr* أمر

Examples:

1- Shut the window.   aghleq Al-nafeza   أغلق النافذة.

2- Work hard.   e'amal bejed   اعمل بجد.

3- Type the letter.   ensakh al-khetab   انسخ الخطاب.

4- bring me a cup of tea.

ehder le koba men al-shay   أحضر لي كوبا من الشاي.

5- Open the door.   eftah al bab   افتح الباب.

6- sit sown.   ejless   اجلس.

[4] Negative   *nafy* نفى

1- I **don't** like fish.

ana la ohebb al-samak   أنا لا أحب السمك.

2- He doesn't study hard.

enhou la yozaker bejed   إنه لا يذاكر بجد.

3- They didn't drink milk.

hom lam yashraboo al-laban   هم لم يشربوا اللبن.

4- Mohamed will not build a house.

mohamed lan yabny bayta   محمد لن يبنى بيتا.

5- I am not an engineer.

ana lasto mohandesan   أنا لست مهندسا.

6- We had not enough money.

laysa ladyna malon kafy   ليس لدينا مال كافٍ.

or

nahno la namluk malan kafyan   نحن لا نملك مالا كافيا.

[5] Questions   Al-asela الأسئلة

1- Can you help me?

hal tastate-a mosa'aadaty   هل تستطيع مساعدتى ؟

2- Do you go to your office ?

hal tazhab ela maktabaka   هل تذهب إلى مكتبك ؟

3- Did he visit you yesterday?

hal zarak ams   هل زارك أمس ؟

4- Will they read the newspaper?

hal sayaqraon Al-sohof   هل سيقرأون الصحف ؟

5- When do you travel?

mata tosafer   متى تسافر ؟

6- Where did she stay?

ayna aqamat   أين أقامت ؟

End of recorded material

More questions words :

Mazed men adawat al-estfham   مزيد من أدوات الاستفهام

1- How ?   kayfa ?   كيف ؟

2- Who ?   mann ?   من ؟

3- What ?   matha ?   ماذا ؟

4- How much ?   kam thaman ?   كم ثمن ؟

5- How long ?   kam tablogh al-moda?   كم تبلغ المدة ؟

6- How far ?   kam tablogh al-masafa ?   كم تبلغ المسافة ؟

7- How deep ?   ma a'omk ?   ما عمق ؟

8- How many ?   ma a'dad ?   ما عدد ؟

9- How much ?   ma kemeyat ?   ما كمية ؟

10- whose ?   leman ?   لمن

[5] *Modals*   *Al af'al al-mosa'idah* الأفعال المساعدة

1- can / could   **yastate'a / yaqdir   يستطيع / يقدر**

I can drive a car.

anna astate'a an aqood sayarah   أنا أستطيع أن أقود سيارة.

Could you help me?

hal takder an tosa'idney   هل تقدر أن تساعدنى.

2- Shall **sawfa /sa سوف / سـ**

I shall visit you.

anna sa'azorak / sawfa azorak أنا سأزورك/ سوف أزورك.

should / ought to **yajeb يجب**

You should study hard.

yajebo 'alaika an tozaker bejed يجب عليك أن تذاكر بجد.

3- must **labuda لابد**

She is so sick. She must go to the doctor.

هي مريضة جدا، لابد أن تذهب إلى الطبيب.

heya marydaton jedan, labud an tazhaba ela at-tabeeb

4- may / might **robama ربما**

He may come late.

rubama ya'aty mota'akheran ربما يأتي متأخرا.

5- will **sawfa سوف**

They will come soon.

sawfa ya'atoon qariban سوف يأتون قريبا.

would **Yomken يمكن**

Would you open the door ?

hal yomken an taftah al-bab ? هل يمكن أن تفتح الباب ؟

6- need not **la da'ai لا داعي**

You needn't water the garden.

la-da'ai an tarwy al-hadiqa لا داعي أن تروي الحديقة.

UNIT 6

ADVERBS

al-ahwal الأحوال

Listen to the following. Practice reading and writing them several times.

Beginning of recorded material

(*File No. 06*)

1- quickly **besor' بسرعة**

He reads quickly. howa yaqra' besor'ah هو يقرأ بسرعة.

2- hard **bejed بجد**

They study hard. enahom yozakerona bejed إنهم يذاكرون بجد.

Enahuma yozakeran bejed إنهما تذكران بجد. → dual -feminine

3- Beautifully **betarekaten jameela بطريقة جميلة**

She paints Beautifully.

enaha tarsem betarekaten jameela إنها ترسم بطريقة جميلة.

4- comfortably **betarekaten morih بطريقة مريحة**

The doctor talks to me comfortably.

تحدث الطبيب معي بطريقة مريحة .

tahadas Al-tabeeb mai betarekaten moriha

5- Carefully **be'enayah بعناية**

she cleans her room car carefully.

enaha tonazef hograteha be'enayah إنها تنظف حجرتها بعناية.

6- neately **bedeka بدقة**

They write neately.

hona yaktobena bedeka هن يكتبن بدقة.

7- clearly **bewedooh بوضوح**

Can you see me clearly?

hul tastate'a an traney bewedooh? هل تستطيع أن تراني بوضوح؟

8- slowly **beboti' ببطء**

He drives slowly. howa yaqood as-sayarata هو يقود السيارة ببطء be-boti'

9- rudely **bewaqaha بوقاحة**

They talk to their teacher rudely.

تحدثا مع مدرسيهما بوقاحة.

tahadatha ma'a modaresyhema bewaqaha

10- kindly **beatf بعطف**

He treated me very kindly.

amalany beatfen shaded عاملني بعطف شديد.

11- loudly **besawt aal بصوت عال**

We sang loudly. ghanayna besawt aal غنينا بصوت عال.

12- badly **بطريقة سيئة**

The man talked to his son badly.

تحدث الرجل إلى ابنه بطريقة سيئة.

tahadas al-rajul ela ebneho betarekaten sayaten

13- late **mota'akhera متأخرا**

He arrived late. . wasal muta'akhera وصل متأخرا

14- Well **jayeedan جيدا**

They speak English well.

هم يتحدثون الإنجليزية جيدا .

hom yatahadathon al-Englizia jayeda

15- efficiently **bekafaa بكفاءة**

He types letters efficiently.

. Howa yatba' al-khetabat bekafa'ah هو يطبع الخطابات بكفاءة.

16- early **mobakera مبكرا**

I left early anna ghadart mobakera أنا غادرت مبكرا.

17- in a friendly way **bewd بود**

I talked to them in a friendly way.

tahadathto maahom bewd تحدثت معهم بود.

End of recorded material

1-	than more . . . than . . . er the . . . . est the most	أكثر Akthar الأكثر

examples:

1- He speaks louder than me.

tahadath besaut alaa men sawty تحدث بصوت أعلى من صوتي.

2- They types more efficiently than him.

إنهم يكتبون الخطابات بكفاءة أكثر منه .

enahum yaktoboon al khetabat bekafa'a akther menhu

3- I work harder than my brother.

إنني أعمل بجد أكثر من أخي.

enani a'amal bejed akthar men akhy.

4- She paints the most beautifully in her class.

إنها ترسم على النحو الأكثر جمالا في فصلها.

enaha tarsum ala al-nahw al-akthar jamalan fi fasleha

5- We speak English better than them.

نحن نتحدث الإنجليزية أفضل منهم .

nahno natahadath al-englizia afdala menhum

UNIT 7

ADJECTIVES

Al-sfaat الصفات

| Beginning of recorded material | |

(File No. 07)

English	Arabic	مذكر مفرد / جمع	مؤنث مفرد / جمع
intillegant	ذكى zaki	ذكى / أذكياء zaki / azkeya	ذكية / ذكيات zakiah / zakiyat
happy	سعيد sa'aid	سعيد / سعداء sa'aid / so'ada'	سعيدة / سعيدات sa'aida / sa'idat
big	كبير kabir	كبير / كبار kabir / kebar	كبيرة / كبيرات kaberah / kabirat
small	صغير saghir	صغير / صغار saghir / seghar	صغيرة / صغيرات saghirah/ saghirat
short	قصير qasir	قصير / قصار qasir / qisar	قصيرة / قصيرات qasirah / qasirat
long	طويل taweel	طويل / طوال taweel / towal	طويلة / طويلات tawelah/ taweelat
hard	جامد jamid	جامد / جماد jamid / jomad	جامدة / جامدات jamidah / jamidat
beautiful	جميل jameel	جميل / جمال Jameel / jomal	جميلة / جميلات jamelah/ jameelat

English	*Arabic*	مذكر مفرد / جمع	مؤنث مفرد / جمع
brave	شجاع shoja‘	شجاع / شجعان shoja‘a / shoja‘an	شجاعة / شجاعات shoja‘ah/shoja‘aat
black	أسود aswad	أسود / سود aswad / sood	سوداء / سوداوات sawda’/ sawdawa
white	أبيض abyad	أبيض / بيض abyad / beed	بيضاء / بيضاوات bayda’/ bydawat
red	أحمر ahmr	أحمر / حُمر ahmr / humr	حمراء / حمراوات hamra / hmrawat
easy	سهل sahl	سهل / xx sahl / xx	سهلة / سهلة sahlah / sahlah
good	صالح saleh	صالح / صالحون saleh / salehoon	صالحة / صالحات salehah / salehat
bad	سيىء say’a	سيىء / سيئون say’a / say’oon	سيئة / سيئات say’ah / say’at
bright	لامع lami‘	لامع / لامعون lami‘ / lami‘oon	لامعة / لامعات lame‘ah / lam‘at
nice	لطيف latif	لطيف / لُطاف latif / lotaf	لطيفة / لطيفات latifah / latifat

End of recorded material

More Examples :

1- She is a pretty girl. heya bent jamelah هى بنت جميلة.

2- I bought a big car. eshtarayt sayarah kabirah اشتريت سيارة كبيرة.

3- He is a tall boy.   Enahu wald taweel   إنه ولد طويل.

4 - This picture is yellow.

as-saurah safra'   الصورة صفراء.

5- The trains are fast.   al-qitarat sary'ah   القطارات سريعة.

6- The light is bright.   al-daw'o lame'a   الضوء لامع.

7- They have good friends.

ladayhim asdiqa' salehoon   لديهم أصدقاء صالحون.

8- I have a comfortable house.

anna amlok manzelan moreehan   أنا املك منزلا مريحا.

9- The policeman was active.

cana As-shorty nasheetan   كان الشرطي نشيطا.

10- That dress is cheep.

thaleka al-thawb rakhees.   ذلك الثوب رخيص.

11- They sell expesive shirts.

enahom yabe'oon kemsanan ghalia.   إنهم يبيعون قمصانا غالية.

12- He is very careful.   enahu harees jedan.   إنه حريص جدا.

13- The girls were late.

al- kanat banat mota'akherat.   كانت البنات متأخرات.

14- He is a slow.   howa baty'   هو بطىء.

15- The teachers are excellent.

al-mo'alemoon momtazoon.   المعلمون ممتازون.

16- They are not stupid.

enahom laysoo aghbeia'   إنهم ليسوا أغبياء.

17- It is a poor country.

enaha dawlaton faqeera.   إنها دولة فقيرة.

18- I don't like dishonest people.

أنا لا أحب المخادعين. anna la oheb al-moghad'ain.

Adjectives / comparative

than	
more . . . than	أكثر من
. . . er	Akthar men
the . . . . est	الأكثر
the most	al-akthar

Examples:

1- That man is poorer than me.

ذلك الرجل أفقر مني. thaleka al-rajul afkara meny .

2- She is more beautiful than her sister.

إنها أكثر جمالا من أختها. enaha akthar jamalan men okhteha

3- He is the most excellent teacher in our school.

إنه أكثر المعلمين امتيازا في مدرستنا.

enahu akthar al mo'alemeen emtyza fi madrastena

4- He is the cleverest student.

إنه أكثر الطلاب مهارة. enahu akthar al-tulab mahara .

5- My house is nearer than yours.

منزلي أقرب من منزلك. manzely akrabo men manzelak .

6- It is the most comfortable chair.

إنه أكثر المقاعد راحة. enahu akthar al maqa'ed raha .

Arabic

For Non-native Speakers

UNIT 8

PREPOSITIONS & CONJUNCTIONS

حروف الجر وحروف العطف

huruf al-gaar wa huruf al-atlf

(*Recorder – File No. 08*)

Listen to the following sentences and words. Practice reading and writing them several times.

Prepositions : *huruf al-gaar* حروف الجر

1- on على Ala

The pen is **on** the desk

al-qalam ala al-mendadah . القلم **على** المنضدة

2- to إلى / لـ ela

Ahmed went to work

thahaba Ahmed ele alamal .ذهب أحمد إلى العمل

3- **without** بدون bedun

I'll go out without you.

sawfa akhruj bedunak .سوف أخرج بدونك

4- till حتى Hatta

They waited me till 8 o'clock.

. entazaroney hatta al-thamena .انتظروني حتى الثامنة

5- under تحت taht

The baby crawls under the table.

al-tefl yahbo taht al-mendadah .الطفل يحبو تحت المنضدة

6- over / up فوق Fawqa

They jumped over the fence.

. qafazo fawqa al-sour .قفزوا فوق السور

7- in في fi

There were some plants in the window.

كان هناك بعض النباتات في النافذة .

kan honak baad al-nabatat fi al-nafetha

8- by بواسطة / بـ Biwasatat / bi

He comes to his school by bus.

إنه يأتي إلى مدرسته بـالحافلة.

enaho ya'ity ela madrastehe bel-hafela.

9- at عند / على ala / enda

She is at her uncle's.

إنها عند خالها. enaha enda khaleha .

10- beside بجانب bijaneb

She sat beside her sister.

جلست بجانب أختها. jalasat bejaneb okhteha .

11- in order to / to لكي likai

I went to Saudi Arabia to work.

ذهبت إلى السعودية لكي أعمل. thahabto ela a-saudia lekai a'amal

12- because لأن le'an

I'll go to a restaurant because I am hungry.

سأذهب إلى المطعم لأنني جوعان .

sathhab ela al-mata'am le'anany jawa'an.

13- Because of بسبب besabab

He is weak because of his illness.

إنه ضعيف بسبب مرضه. enaho daa'aif besabab maradeh

14- about عن a'an

We spoke about him.

تحدثنا عنه. tahdathna a'anhu

15- since / ago منذ mundhu

I haven't seen him two years ago.

أنا لم أره من عامين. anna lam arahu mundhu amayin

16- Through خلال / عبر / khilal/abra

The cars run through the tunnel .

al-sayarat tagri abra al nafaq السيارات تجرى عبر النفق.

17- from من mena

Are you from Thailand?

hal anta men Tailand هل أنت من تايلاند ؟

18- among / between بين baina

I saw him among the crowd.

ra'aytahu bain jomo' al-nass رأيته بين جموع الناس.

19- With مع mم'a

Do you want to come wih me?

hal torid an ta'ty maa'y هل تريد أن تأتي معي ؟

20- outside بالخارج belkharig

He is not in . He is outside.

إنه ليس بالمنزل . إنه بالخارج.

enahu laysa bel manzel. Enahu bel kharej

21- of لـ / من min / li

This dress is made silk.

هذا الثوب مصنوع من الحرير.

hatha al-thob masno'a men al-harir.

*** *** ***

The conjunction *Huruf Al-'atf* حروف العطف

1- and و wa

My mother and L will go to shopping.

أنا وأمي سوف نذهب للتسوق.

anna wa omy sawfa nazhab leltasawq.

2- or أو / أم aw / am

Do you like tea or coffee?

hal toheb al-shay am al-qahwa هل تحب الشاي أم القهوة ؟

3- if إذا **itha**

If you work, you will earn enough money.

إذا عملت، سوف تكسب مالا كافيا .

itha 'amelt sawfa taksab malaم kafyaa.

4- While بينما **bainama**

While I was studying the telephone rang.

بينما كنت أذاكر رن الهاتف.

bainama kont ozaker, ranna al-hatef

5- but لكن **lakin**

He is thick but he is strong.

howa naheef lakinahu kawy   هو نحيف ولكنه قوى

6- nor ولا **wala**

Neither Mohamed nor Ahmed speak English.

لا أحمد ولا محمد يتحدث الإنجليزية.

la Mohamed wala Ahmed yatahadمth al-englizya

7- although على الرغم **ala al-rraghm**

Although he is old, he is active.

على الرغم من أنه كبير السن إلا أنه نشيط.

ala al-rraghm men anahu kabeer alsin ela anahu nasheet

8- untill إلى أن **ila 'an**

I'll wait them until they arrive.

سوف أنتظرهم إلى أن يصلوا .

sawfa antazerhum ila an yesellow

UNIT 9

TITLES & THE FAMILY

al alqab wa ala‘ilah الألقاب والعائلة

Recorded (*File No. 09*)

Listen to the following words. Practice reading and writing them several times.

1- first name sure name	=	الاسم الأول al-esm al-awal
2- secomd name father's name	=	اسم الأب esm al-abb
3- family name sure name	=	الألقاب al-alqab اسم العائلة esm ala'ilah اسم الجد esm al-jad
4- mr.	=	السيد / الشيخ al-said / al-shaykh
mrs.	=	السيدة ..... al-sayidah
miss	=	الآنسة ..... al-aanisah
5- father	=	أب abb
6- mother	=	أم omm

7- grand father	=	جد
		jadd
8- grand mother	=	جدة
		jaddah
9- son	=	ابن
		ebn
10- daughter	=	ابنة
		ebnah
11- brother	=	أخ
		akh
12- sister	=	أخت
		ukht
13- uncle	=	خال / عم
		am / khal
14- nephew	=	ابن أخ
		ebn akh
15- niece	=	ابنة أخت
		ebnat okht
16- in laws	=	الأصهار
		al-ashar
17- cousin	=	ابن عم / ابن عمة
		ebn amah / ebn 'am
		ابن خال / ابن خالة
		ebn khalah / ebn khal
18- brotherhood	=	أخوة
		ukhuwwah
19- grand-son	=	حفيد
		hafid

20-grand daughter	=	حفيدة
		hafidah
21- husband	=	زوج
		zawg
22- wife	=	زوجة
		zawgah
23- brother-in-law	=	زوج الأخت
		zawg al-ukht
24- sister-in-law	=	زوجة الأخ
		zawgat al-akh
25- parents	=	الوالدان
		al-walidan
26- step-father	=	زوج الأم
		zawg al-umm
27- step-mother	=	زوجة الأب
		zawgat al-up
28- mother-in-law	=	الحماة
		al-hamah
29- father-in-law	=	الحمو
		al-hamew
30- child / baby	=	طفل
		tifl
31- boy	=	ولد
		walad
32- girl	=	بنت
		bent

33- female	=	أنثى
		untha
34- woman	=	إمرأة
		emra'ah
35- a young lady	=	فتاة / شابة
		shabah / fatah
36- lady	=	سيدة
		sayedah
37- male	=	ذكر
		dakar
38- man	=	سيد / رجل
		rajul / sayid
39- a young man	=	غلام / فتى / شاب
		shab / fata / ghulam
40- youth	=	شباب
		shabab
41- manhood	=	رجولة
		rejulah
42- life	=	حياة
		hayah
43-married woman	=	سيدة متزوجة
		saydah mutazawigah
44- married man	=	رجل متزوج
		ragol mutazawaig
45- old man	=	عجوز / مُسن / شيخ
		shaykh / mosin / aguz

46- old woman	=	مُسنة / عجوز
		aguz / musinah
47- single man	=	أعزب
		aʻzab
48- single woman	=	عزباء
		azbaaʼ
49- virgin	=	عذراء
		adraaʼ
50- spinster	=	عانس
		anis

Arabic

For Non-native Speakers

UNIT 10

COMMON EXPRESSIONS

ta'berat Ma'lufah تعبيرات مالوفة

Recorded (*File No. 10*)

1- How about . . . . ?	ma ra'yok fi ? ما رأيك فى . . . . ؟
2- Good luck .	hazzan sa'idan حظا سعيدا.
3- So long=See you soon.	ila liqa aqarib إلى لقاء قريب.
4- Go away.	ughraob anni أغرب عنى.
5- I assure you.	u'ahid lake أؤكد لك.
6- You're right.	anta ala haq أنت على حق.
7- See you again.	sa'arak thaniatan سأراك ثانية.
8- Please.	min fadlik من فضلك ؟
9- Keep away.	Ibta'id ابتعد.
10- What's your opinion?	. ma' ra'yuk ما رأيك ؟
11- At your service.	fi khidmatek في خدمتك.
12- That's enough.	hatha kafen هذا كاف.
13- Be careful.	khod hidraka خذ حذرك.
	(or) entabih انتبه
14- You're wrong.	
	anta lastu ala sawab أنت لست على صواب.
	(or) anta mukhti أنت مخطىء

15- It is not your business.

hatha laysa men sha'nak هذا ليس من شأنك.

16- Good heavens! ma ahlah ما أحلاه !

17- Do your best.

abthulu kusara gohdak ابذل قصارى جهدك.

18- I beg your pardon. (I didn't hear you.) afwan عفوا.

(or) karir ma kultahu thanyatan كرر ما قلته ثانية.

19- What is to be done? maal-amal ما العمل ؟

20- I wonder if . . . . ya toraa . . . . . يا ترى

21- That does not concern us

hatha shay' la ya khussuna هذا شيء لا يخصنا.

hatha shay' la yata'alaq binaa هذا شيء لا يتعلق بنا.

22- What a misfortune. ya lall musibah يا للمصيبة.

23- With pleasure. bekul sorour بكل سرور.

24- Excuse me. atasmah أتسمح. 'afwan عفوا.

25- Never mind. la yahumm لا يهم.

26- What a pity. ya lalasaf يا للأسف.

27- By the way. bi hathihi al-munasabah ... بهذه المناسبة

28- Face to face. Waghan li wagh وجها لوجه.

29- A moment, please. lahzah men fadlik لحظة من فضلك.

30- All of a sudden = suddenly faga'ah فجأة.

31- As aforesaid. kama dukira musabakan كما ذكر مُسبقا.

32- As time goes on = In a course of time.

ma'a morour al-ayam مع مرور الأيام

33- And so on. wahakatha وهكذا

34- As usual. kal mu'tad كالمعتاد.

35- At last. akhyran أخيرا.

36- At any cost = by all means.

mahma kan al-thaman مهما كان الثمن.

(or) bekulli al-wasa'il بكل الوسائل.

37- In my opinion. fi ra'yi فى رأيى

38- In fact. haqiqatan حقيقة

(or) fi el-waqé في الواقع.

39- In vain sudan سدى

40- lately. mu'kharan مؤخرا

41- of course. tab'an طبعا

42- One upon a time. yuhka anna يحكى أن

43- Step by step khutwa bi khutwa خطوة بخطوة

44- On behalf of. niyabatan 'an نيابة عن

45- on purpose. amdan عمدا

46- In commemoration of . . . fi thekra .... في ذكرى

47- In case of need. enda al-darora عند الضرورة

48- How do I say . . . . ? kayfa aqul . . . . ? ؟ . . . كيف أقول

49- Very well. hasnon jedan حسن جدا.

50- Will you please help me?

hal yumkin an tosa'dany ؟ هل يمكن أن تساعدني

51- Oh hell! yalal gaheem ! يا للجحيم

52- leave me alone. da'ni bemofradi .دعني بمفردي

53- That's it. hatha kul shay' .هذا كل شيء

54- Shut up. sahen .صه

55- Don't move. la tatahark .لا تتحرك

56- You're kidding. labud anak tamzah لابد أنك تمزح

57- So so. bayna bayn بين بين

58- how goes it? kayfa taseer al-omoor ؟ كيف تسير الأمور

59- That's impossible. hatha mustaheel .هذا مستحيل

60- Do you agree? hal towafiq ؟ هل توافق

61- It is possible. hatha mumkin .هذا ممكن

62- If necessary. enda al-darora عند الضرورة

63- I don't know. la adry .لا أدري

64- Are you in hurry? hal anta ala agal ? ؟ هل أنت على عجل

Arabic

For Non-native Speakers

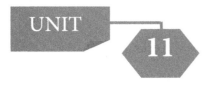

UNIT 11

GREETINGS

at-tahyat التحيات

Beginning of recorded material

(*File No. 11*)

Greetings *Altayah* التحية	*Responding* *Rad al-tahay* رد التحية
1- Good morning sabah al-kheir .صباح الخير	Good morning. sabah al-noor .صباح النور
2- Good evening. massa'a al-kheir .مساء الخير	Good evening. massaa al-noor .مساء النور
3- Good night. tusbah ala kheir .تصبح على خير	Good night. وأنت من أهله. wa anta men ahleh
4- How are you ? keif halok ؟ كيف حالك (or) eshlaunak ؟ إشلونك	Well. . bekhayr بخير (or) zien .زين God's grace (or) al-hamdo lelah .الحمد لله
5- How is Ahmed? keif haal Ahmed? كيف حال أحمد	well bekhayr .بخير
6- Are you fine ? Hal anta bekhayr? ؟ هل أنت بخير	Yes I am well (fine) . Na'am ana bekhayr نعم أنا بخير

7- Welcome.
 	
    ahlan wasahlan   أهلا وسهلا.
 	
(or)   Marhaban .   مرحبا
 	
(or)   Marhabtain .   مرحبتين
	Wlecome
	
	    ahlan beka أهلا بك.
	
	(or) marhaban. مرحبا
	
	(or) marhabtain. مرحبتين

8- Good bye .
 	
  ma'a assalamah   مع السلامة .
 	
(or)   ela al-leka'a   إلى اللقاء.
 	
(or)   Wada'an   وداعا.
	Goodbye.
	
	  ma'a assalama مع السلامة.
	
	(or) ela al-leka'a إلى اللقاء.
	
	(or) Wada'an وداعا.

9- Welcome
 	
  ahlan beka   أهلا بك.
 	
Welcome to you (all)
 	
  ahlan bikum   أهلا بكم
	Thank you.
	
	  shokran شكرا.
	
	(or) ashkorak. أشكرك.

10- Hello
 	
  marhaban .   مرحبا
	Hello.
	
	  marhaban beka مرحبا بك

11- Come in, please.
 	
  tafadal   تفضل
	thank you
	
	  shokran laka. شكرا لك.

12- remember me to your family.
 	
  سلامى لأسرتك .
 	
  salamy le -osratek
	May God keep you save
	
	  allah yesallimmak الله يسلمك

13- What happened to you?
 	
  ma beka .   ما بك ؟
 	
(or)   esh feek .   إيش فيك ؟
	I am not fine.
	
	  anna mu zeiin. أنا مو زين.
	
	(or) I'm sick
	
	  ana mareed. أنا مريض.

14- It is nice of you.
 	
  It is kind of you.
	Thank you.
	
	  shokran. شكرا.

hatha lotf menka. هذا لطف منك	al-afw. العفو(or) Not at all. (or) afwan . عفوا

End of recorded material

More Expressions :

Good night.	=	laylah sa'idah. ليلة سعيدة.
Good bye.	=	Fi aman ellah. فى أمان الله.
Not at all.	=	La shay' abadan. لا شيء أبدا.
How do you do ?	=	Tasharafnah. تشرفنا.
How are you ?	=	kayfa sehatok ? كيف صحتك ؟

Arabic

For Non-native Speakers

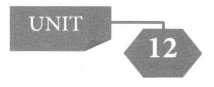

UNIT 12

NUMBERS

al-a'dad / al-arqaam الأعداد / الأرقام

Listen to the following. Practice reading and writing them several times.

Beginning of recorded material

(File No. 12)

[*1*] *The cardinal numbers*

: *Al-adad al-asliyah* الأعداد الأصلية

(0) zero sifr (٠) صفر	(1) one wahid (١) واحد
(2) two ethnan (٢) اثنان	(3) three thalathah (٣) ثلاثة
(4) four arba'ah (٤) أربعة	(5) five khamsah (٥) خمسة
(6) six settah (٦) ستة	(7) seven sab'ah (٧) سبعة
(8) eight thamanyah ثمانية	(9) nine tis'ah (٩) تسعة
(10) ten ashrah (١٠) عشرة	(11) eleven ahad ashr (١١) أحد عشر
(12) twelve ethna ashr (12) اثنا عشر	(13) thirteen thlathat ashr (١٣) ثلاثة عشر

(14) fourteen arba’t ashr (١٤) أربعة عشر	(15) fifteen khamsata ashr (15) خمسة عشر
(16) sixteen setat ashr (١٦) ستة عشر	(17) seventeen sab’at ashr (١٧) سبعة عشر
(18) eighteen thmaniat ashr (١٨) ثمانية عشر	(19) ninteen tes‘at ashr (١٩) تسعة عشر
(20) twenety ‘shroon (٢٠) عشرون	(21) twenty one, two . . . Etc واحد وعشرون (٢١) ، اثنان وعشرون (٢٢) . . . .. إلخ wahid wa e‘shroon, ethnan wa ‘shroon . . . . Elakh
(30) thirty thlathun (٣٠) ثلاثون	(31) thirty one, two . . . . Etc واحد وثلاثون (٣١) ، اثنان وثلاثون (٣٢) . . . . . . إلخ Wahid wa thlathun, ethnan wa thlathun. . . . Elakh
(40) fourty arba’un أربعون	(41) fourty one, two . . . . Etc واحد وأربعون (٤١) ، اثنان وأربعون (٤٢) . . . . . . إلخ Wahid wa arba’un, ethnan wa arba‘un. . . . Elakh
(50) fifty khamsun (٥٠) خمسون	(60) sixty settun (٦٠) ستون
(70) seventy sab’un (٧٠) سبعون	(80) eighty thmanun (٨٠) ثمانون

(90) ninety.	(100) a hundred
tis'un (٩٠) تسعون	ma'a (١٠٠) مائة

(101) ahundred and one, two . . . . Etc
مائة وواحد (١٠١) ، مائة واثنان (١٠٢) . . . . . إلخ
Ma'a wa wahid, ma'a wa ethnan. . . . . Elakh

(200) two hundred	(500) five hundred
mi'atan (٢٠٠) مائتان .	khamsma'ah (٥٠٠) خمسمائة .

(800) eight hundred	(1000) one thousand
thmanima'ah (٨٠٠) ثمانمائة .	alf (١٠٠٠) ألف .

(3000) three thousand	(10000) ten thousand
ثلاثة آلاف (٣٠٠٠)	عشرة آلاف (١٠٠٠٠)
thalathat alaaf .	ashrtato alaaf .

[2] *The ordinal numbers*

الأعداد الترتيبية : *Al-adɑd al-tratubiyah*

- first	- second
awwal أول	thany ثانى
- third	- fourth
thaleth ثالث	rabi' رابع
- fifth	- sixth
khamis خامس	sades سادس
- seventh	- eightn
sabi' سابع	thamin ثامن
-ninth.	- tenth.
tasi' تاسع	ashir عاشر

End of recorded material

More numbers :

1- once =	marah مرة
2- twice =	maratan مرتان
3- three times =	thalath marat ثلاث مرات
4- six times =	settat marat ستة مرات
5- a couple = a pair a double	zawg زوج
6- dozen =	درزينه / دستة dastah / darzzinah
7- half =	nisf نصف
8- quarter =	rub' ربع
9- one third =	thulth ثُلث

UNIT 13

DAYS, WEEKS, MONTHS & SEASONS

الأيام والأسابيع والشهور والفصول

al-ayam wa al-asaby' wa
ash-shohoor wa al-fosool

(*Recorded – File No. 13*)

Listen to the following words. Practice reading and writing them several times.

1- saturday	=	as-sabt السبت
2- sunday	=	al-ahad الأحد
3- monday	=	al-ethneen الاثنين
4- tuesday	=	al-thalatha' الثلاثاء
5- wednesday	=	al-arba'a الأربعاء
6- thursday	=	al-khamees الخميس
7- friday	=	al-jauma'ah الجمعة
8- day off	=	otlah عطلة
9- holiday/ vacation.	=	ejazah أجازة
10- today	=	al-yaum اليوم
11- yesterday	=	ams أمس
12- tomorrow	=	ghadan غدا
13- day after tomorrow	=	baada ghaden بعد غد
14- last	=	al-mady الماضى
15- next	=	al-kadim القادم
16- present	=	al-hali الحالى
17- past	=	al-madi الماضى
18- future	=	al-mustaqbal المستقبل

19- month	=	shahr شهر
20- day	=	yaum يوم
21- week	=	osboua أسبوع
22- year	=	sanah سنه = aam عام

MONTHS الشهور *ash-shohur*

N.B. : Or = أو

1- January	=	يناير	(أو)	كانون الثانى
		yanair	(ao)	kanun al-thani
2- February	=	فبراير	(أو)	شباط
		febrayir	(ao)	shubat
3- March	=	مارس	(أو)	آزار
		maris	(ao)	adar
4- April	=	إبريل	(أو)	نيسان
		abreel	(ao)	nissan
5- May	=	مايو	(أو)	آيار
		mayu	(ao)	ayaar
6- June	=	يونيو	(أو)	حزيران
		unuo	(ao)	husyran
7- July	=	يوليو	(أو)	تموز
		uliu	(ao)	tammuz
8- August	=	أغسطس	(أو)	آب
		aghustos	(ao)	ab
9- September	=	سبتمبر	(أو)	أيلول
		september	(ao)	aylool

10- October	=	تشرين الأول (أو) أكتوبر
		october (ao) tshreen al-awal
11- November	=	تشرين الثانى (أو) نوفمبر
		november (ao) tshreen al-thani
12- December	=	كانون الأول (أو) ديسمبر
		desamber (ao) knun al-awal

ISLAMIC MONTHS

ash-shohur al-eslamiea الشهور الإسلامية

1- muharram	=	محرم
2- safar	=	صفر
3- rabi' al-awwal	=	ربيع الأول
4- rabi' al-akhar	=	ربيع الآخر
5- gamada al-awal	=	جماد الأول
6- gamada al-akhar	=	جماد الآخر
7- ragab	=	رجب
8- sha'ban	=	شعبان
9- ramadan.	=	رمضان
10- shawwal	=	شوال
11- du el-qaidah	=	ذو القعدة
12- du el-higgah	=	ذو الحجة

SEASONS

Al-fosol الفصول

1- Autumn	=	Kharif خريف
2- Spring	=	Rabi' ربيع
3- Summer	=	Saif صيف
4- Winter	=	Shita' شتاء

Arabic

For Non-native Speakers

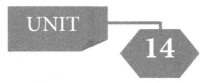

UNIT 14

THE TIME

الزمن / الوقت

al-waqt / al-zaman

Recorded (File No. 14)

Listen to the following. Practice reading and writing them several times.

1- An hour	=	sa'ah ساعة
2- Half an hour	=	nisf sa'ah نصف ساعة
3- A moment	=	lahzah / daqiqah لحظة / دقيقة
4- A second	=	thaniah ثانية
5- midnight	=	muntasaf al-lail منتصف الليل
6- In the morning	=	sabahan صباحا
7- At night	=	massa'an مساءا
8- In the afternoon	=	zuhran ظهرا
9- sunrise	=	shrooq شروق
10- sunset	=	ghroob غروب
11- mid-day	=	muntasaf an-nahar منتصف النهار
12- early	=	mubakiran مبكرا
13- late	=	muta'akhiran متأخرا
14- at dawn	=	fagran فجرا
15- What is the time?	=	kam al-waqt كم الوقت ؟
What time is it?		kam as-sa'at كم الساعة ؟
16- past	=	wa و

17- to	=	إلا ela
18- a.m	=	صباحا sabahan
19- p.m	=	ليلا (أو) مساءا laylan (ao) masa'an
		بعد الظهر (أو) ظهرا ba'ad al-zuhr (oa) zuhran
20- It is ten a.m	=	إنها العاشرة صباحا. enaha al-ashirah sabahan
21- It is seven p.m	=	إنها السابعة مساءا. enaha al-sabe'a masa'an
22- It is three p.m	=	إنها الثالثة عصرا. enaha al-thalethah assran
23- It is quarter past eight	=	إنها الثامنة والربع . enaha al-thamina wa al-rub'
24- It is nine to ten.	=	إنها التاسعة إلا عشر . enaha al tasi'ah ela ashr
25- Thirteen hours p.m	=	إنها الواحدة بعد الظهر . enaha al-wahidah ba'd al-zuhr
26- It is five o'clock sharp	=	إنها الرابعة تماما. enaha ar-rabi'a tamaman
27- At mid-night.	=	عند منتصف الليل inda muntasaf al-lail

Arabic

For Non-native Speakers

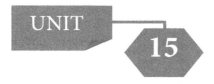

UNIT 15

JOBS

al-waza'if الوظائف

Recorded (*File No. 15*)

Listen to the following words. Practice reading and writing them several times.

1- driver	=	sa'iq سائق
2- editor	=	muharir محرر
3- engineer	=	muhandis مهندس
4- farmer	=	muzar'e مزارع
5- fisherman	=	sammak سماك
6- florist	=	ba" zuhoor بائع زهور
7- goldsmith	=	sa'gh صائغ
8- gaurd	=	harris حارس
9- hostess	=	mudifah مضيفة
10- jeweller	=	mugawharati مجوهراتى
11- interpreter	=	mutarjim مترجم
12- journalist	=	sahfi صحفى
13- judge	=	qadi قاضى
14- lawyer	=	muhami محام
15- plumber	=	sabak سباك
16- librarian	=	amin maktabah أمين مكتبة
17- money-changer	=	saraf صراف

18- musician = musiqy موسيقى

19- oculist = tabeeb oyoon طبيب عيون

20- photographer = musawer fotoghraphy مصور فوتوغرافي

21- poet = sha'ir شاعر

22- porter = hamal حمال

23- reporter = murasel sahfi مراسل صحفى

24- scientist = alem عالم

25- shoemaker = eskafi اسكافى

26- servant = khadem خادم

27- sign writer = khatat خطاط

28- singer = mutrib مطرب

29- stationer = ba'e fi maktabah بائع فى مكتبة

30- surgeon = jarah جراح

31- tailor = khayat خياط

32- teacher = ma'lem معلم

33- translator = mutarjim مترجم

34- typist = كاتب على آلة كاتبة

kkateb ala aala katibah

35- upholster = menajid منجد

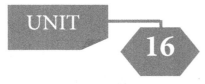

UNIT

16

CLOTHES & COLORS

الملابس والألوان

al-malabis wa al-alwan

(*Recorded - File No. 16*)

Listen to the following. Practice reading and writing them several times.

[*1*] *clothes* الملابس *al-malabis*

1- shoes	=	hitha' حذاء
2- boots	=	hida' taweel حذاء طويل
3- sandals	=	sandal صندل
4- dress	=	thobe ثوب
5- blouse	=	blousah بلوزة
6- suit	=	badlah بدلة
7- handkerchief	=	mindil منديل
8- coat	=	mi'taf معطف
9- robe	=	rida' رداء
10- trousers	=	bantalon بنطلون
11- turban	=	amamah عمامة
12- socks	=	gawareb جوارب
13- veil	=	hejab / burqu' حجاب / برقع
14- waist coat	=	sidriyah صدرية

15- scarf	=	wishah وشاح
16- tie	=	rabtat unuq رابطة عنق
17- night dress	=	qumis naum قميص نوم
18- shirt	=	qamis قميص
19- belt	=	hizam حزام
20-collar	=	yaqah ياقة
21- corset	=	mashad مشد
22- drawers	=	sirwal سروال
23- shawl	=	shal شال
24- button	=	zirr زر
25- button hole	=	erwat al-zirr عروة الزر
26- gloves	=	quffaz قفاز
27- hat	=	qubba'at قبعة
28- handbag	=	haqibat yadd حقيبة يد
29- umbrella	=	mezallah مظلة
30- lining	=	bitanah بطانة
31- thread	=	kheit خيط
32- sleeve	=	kumm كُم
33- shaving brush	=	furshat hilaqah فرشة حلاقة
34- shaving cream	=	ma'gun hilaqah معجون حلاقة
35- perfume	=	itr عطر
36- tooth-brush	=	furshat asnan فرشة أسنان
37- tooth paste	=	ma'gun asnan معجون أسنان
38- ring	=	khatim خاتم

39- glasses	=	نظارات nazarat
40- mirror	=	مرآة mir'ah
41- necklace	=	قلادة qiladah أو عقد oqd
42- cotton	=	قطن kutn
43- silk	=	حرير harir
44- wool	=	صوف soof
45- leather	=	جلد geld
46- soap	=	صابون sabun
47- towel	=	منشفة manshafah

[2] Colours الألوان Al-alwan

1- black	=	أسود aswad
2- orange	=	برتقالي bortoqaly
3- green	=	أخضر akhdar
4- blue	=	أزرق azraq
5- yellow	=	أصفر asfar
6- purple	=	أرجواني urgwani
7- white	=	أبيض abyad
8- silver	=	فضى fedi
9- brown	=	بنى buni
10- red	=	أحمر ahmar
11- grey	=	رمادى rumadi

More Words & Expressions:

1- What's your size?

كم مقاسك ؟ kam maqasok

2- What color do you like?

أي لون تحب ؟ ay lawn tuhib

3- This color is light.

هذا اللون فاتح. hatha al-lawn fatih

4- This color is dark.

هذا اللون غامق. hada al-lawn ghamiq

5- It is a nice dress.

إنه ثوب جميل. enahu thawb jameel

Arabic

For Non-native Speakers

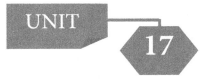

UNIT 17

FURNITURE & TOOLS

الأثاث والأدوات

al-athath wa al-adawat

(*Recorded – File No. 17*)

Listen to the following. Practice reading and writing them several times.

1- bed	=	sarir سرير
2- blanket	=	btanyah بطانية
3- curtain	=	sitarah ستارة
4- door	=	bab باب
5- drawer	=	durg درج
6- lamp	=	misbah مصباح
7- mirror	=	mir'ah مرآة
8- pillow	=	wisadah وساده
9- sheet	=	mila'ah ملاءة
10- wardrobe	=	dulap دولاب
11- window	=	nafithah / shubak نافذة / شباك
12- armchair	=	kursy كرسى
13- bookcase	=	maktabah مكتبة
14- bookshelf	=	raf رف
15- carpet	=	sijadah سجادة
16- ceiling	=	saqf سقف

17- clock	=	sa'ah ساعة
18- floor	=	ardiyah أرضية
19- radio	=	radio راديو
20- rocking chair	=	kursi hazaz كرسي هزاز
21- telephone	=	hatif هاتف
22- cooker oven	=	furn فرن
23- cup	=	kub كوب
24- cupboard	=	dulab matbakh دولاب مطبخ
25- frying pan	=	miqlah مقلاة
26- jug	=	dawraq دورق
27- kettle	=	ghalayah غلاية
28- plate	=	tabaq طبق
29- tin opener	=	fatahat olab فتاحة علب
30- ash-tray	=	manfadat saja'ir منفضة سجائر
31- basket	=	salah سلة
32- broom	=	miqashah مقشة
33- bucket	=	dalw دلو
34- chopper	=	satoor ساطور
35- colander	=	misfah مصفاة
36- cooking pot	=	halah حلة
37- grater	=	mabsharah مبشرة
38- knife	=	sikeen سكين

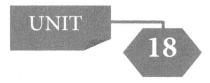

UNIT 18

NATURE & CLIMATE

الطبيعة والطقس

al-tabe'h wa al-taqs

(*Recorded – File No. 18*)

Listen to the following. Practice reading and writing them several times.

[*1*] *nature* الطبيعة *al-tabe'h*

1- air	=	hawa' هواء
2- dust	=	turab تراب
3- canal	=	qanah قناة
4- cave	=	kahf كهف
5- fog	=	dabab ضباب
6- mountain	=	jabal جبل
7- coast	=	shati شاطئ
8- cloud	=	sahab سحاب
9- crescent	=	helal هلال
10- desert	=	sahra' صحراء
11- eclipse	=	khusuf / kusuf خسوف / كسوف
12- fire	=	nar نار
13- earth	=	al-ard الأرض
14- heat	=	hararah حرارة

15- hill	=	tal تل
16- island	=	jazerah جزيرة
17- ice	=	jaleed جليد
18- lake	=	bahirah بحيرة
19- moon	=	qamar قمر
20- rain	=	matar مطر
21- rainbow	=	qus qazah قوس قزح
22- rocks	=	sokhour صخور
23- ocean	=	muheet محيط
24- river	=	nahr نهر
25- well	=	be'r بئر
26- water	=	ma' ماء
27- sand	=	raml رمل
28- sky	=	sama' سماء
29- smoke	=	dukhan دخان
30- snow	=	thalj ثلج
31- wave	=	mawgah موجة
32- storm	=	asifah عاصفة
33- wind	=	ryah رياح
34- sun	=	shams شمس
35- sea	=	bahr بحر
36- thunder	=	sa'iqah صاعقة
37- valley	=	wady وادى
38- stone	=	hagar حجر

39- continent	=	qarah قارة
40- cataract	=	shlal شلال
41- breez	=	naseem نسيم

[2] *Climate* الطقس *Altaqs*

1- It is clear.	=	algaw sahw الجو صحو.
2- It is calm.	=	al-taqq hadi' الطقس هادئ.
3- It is a wonderful day.	=	enahu yaum jameel .إنه يوم جميل
It is a delightful day.	=	
4- It is a dark day.	=	enahu yaum ka'eeb .إنه يوم كئيب
5- The air is humid.	=	en al-haw' rateb .إن الهواء رطب
It is humid.	=	
6- It is hot.	=	en al-taqs har إن الطقس حار.
7- It is very bad.	=	إن الطقس ردئ جدا.
	=	en al taqs radi' giddan
8- It is fine.	=	al-gaw jameel .الجو جميل
9- The humidity is high.	=	al-retubah aliah الرطوبة عالية.
10- The humidity is low.	=	الرطوبة منخفضة.
		al-rerubah monkhafedah
11- It is foggy.	=	al-gaw behi dabab.الجو به ضباب
12- The sky is clear.	=	al-sama' safyah .السماء صافية
13- It is damp.	=	al-gaw rateb .الجو رطب
14- The sky is cloudy.	=	السماء بها غيوم.
		al-sama' beha gyoom
15- It is stormy.	=	en al-taqs asif .إن الطقس عاصف

16- The wind is very strong	=	al-ryah ateyah. الرياح عاتية.
17- Drizzle	=	رذاذ من المطر
		razaz men al-matar
18- Temperature.	=	daragat harat درجة حرارة
19- Forecast.	=	tanabo' تنبؤ
20- Sunny.	=	mushmes مشمس
21- Snow	=	thalg ثلج
22- Thermometer	=	mequas al-hararah مقياس الحرارة
23- Weather report	=	النشرة الجوية
		al-nashrah al-jawiah
24- Pressure.	=	daght ضغط

Arabic

For Non-native Speakers

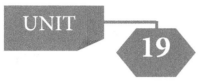

UNIT 19

PLANTS, ANIMALS & BIRDS

نباتات وحيوانات وطيور

nabatat wa haywanat wa tuyur

(*Recorded – File No. 19*)

Listen to the following. Practice reading and writing them several times.

[1] Plants نباتات Nabatat

[A] Fruit فاكهة *fakiha*

1- apples	=	tufah تفاح
2- pear	=	kumethra كمثرى
3- dates	=	balah بلح
4- grape	=	enab عنب
5- peach	=	khukh خوخ
6- apricot	=	meshmesh مشمش
7- lemon	=	laymoon ليمون
8- orange	=	portoqal برتقال
9- pineapple	=	ananass أناناس
10- water-melon	=	bateekh بطيخ
11- melon	=	shamam شمام

[B] Vegetables خضراوات *khodrawat*

1- potatoes	=	batates بطاطس
2- cabbage	=	kuronb كرنب
3- onion	=	bassal بصل
4- beet	=	bangar بنجر
5- tomatoes	=	tamatem طماطم

6- cucumber	=	khyar	خيار
7- radish	=	figl	فجل
8- turnip	=	left	لفت
9- pea	=	bazela'	بازلاء
10- bean	=	fasoulia	فاصوليا
11- letus	=	khass	خس
12- pepper	=	felfel	فلفل
13- sweet pepper	=	felfel helw	فلفل حلو

[C] *Flowers* الزهور *Al-zohor*

1- rose	=	wardah	وردة
2- lilac	=	al-laylak	الليلك
3- Lily of the valley	=	zengaq a-wady	زنبق الوادى
4- lily	=	al-sawsan	السوسن
5- poppy	=	al-kheshkhash	الخشخاش
6- voilet	=	al-banafseg	البنفسج

[2] Animals حيوانات Hayawanat

1- Cow	=	baqarah	بقرة
2- Bull or ox	=	thawr	ثور
3- Horse	=	hussan	حصان
4- Cat	=	qittah	قطة
5- Dog	=	kalb	كلب
6- Camel	=	jamal	جمل
7- Rabbit	=	arnab	أرنب
8- Crocodile	=	temsah	تمساح
9- Chameleon	=	herba'	حرباء
10- Buffalo	=	jamoos	جاموس
11- Bat	=	khufash	خفاش
12- Lion	=	asad	أسد
13- Tiger	=	nemr	نمر
14- Wolf	=	the'b	ذئب

15- Squirrel	=	senjab سنجاب
16- Fox	=	tha'lab ثعلب
17- Elephant	=	feel فيل
18- Snake	=	hayah حية
19- Sheep	=	kharoof خروف
20- Mule	=	baghl بغل
21- Mouse	=	faa'r فأر
22- Lizard	=	faras فرس
23- Goat	=	anzah عنزة
24- Giraffe	=	zarafah زرافة
25- Frog	=	dofda' ضفدع
26- Donkey	=	humar حمار
27- Beer	=	ghazal غزال

[3] Bird الطيور Al-Tuyur

1- Canary	=	knaria كناريا
2- Chicken	=	dajajah دجاجة
3- Cock	=	deek ديك
4- Dove	=	hamamah حمامة
5- Duck	=	batah بطة
6- Eagle	=	nesr نسر
7- Goose	=	wizah وزة
8- Hawk	=	saqr صقر
9- Hoopoo	=	hudhud هدهد
10- Kite	=	hada'h حدأة
11- Nightingale	=	bulbul بلبل
12- Sea gull	=	noorus نورس
13- Stork	=	luqluq لقلق
14- Robin	=	hazaz هزاز
15- Parrot	=	babagha' ببغاء

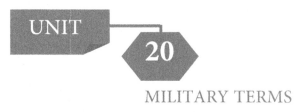

UNIT 20

MILITARY TERMS

مصطلحات عسكرية

mustalahat askaryah

(*Recorded – file no. 20*)

Listen to the following words and terms. Practice reading and writing them several times.

English word		*Arabic word*
1- admiral	=	ka'id astol قائد أسطول
2- air-base	=	ka'idah jawiya قاعدة جوية
3- ammunition	=	'atad عتاد
4- armament	=	asliha harbyah أسلحة حربية
5- army	=	gaysh جيش
6- arms	=	aslyha أسلحة
7- military attache	=	mulhaq 'askary ملحق عسكرى
8- barracks	=	thakanat ثكنات
9- battle	=	ma'raka معركة
10- bomb	=	konbula قنبلة
11- brigade	=	lowa' لواء
12- campaign	=	hamlah 'askaryah حملة عسكرية
13- cannon	=	madfa' مدفع
14- captive	=	asir أسير
15- cartridge	=	khartushah خرطوشة

16- casualties	=	khasa'ir خسائر
17- charge	=	hugoom mofaje' هجوم مفاجئ
18- colonel	=	musta'marah مستعمرة
19- comat	=	qital قتال
20- dagger	=	khingar خنجر
21- defeat	=	hazimah هزيمة
22- defence area	=	mantiqat defa' منطقة دفاع
23- division	=	firqah فرقة
24- enlisted	=	muganad مجند
25- explode	=	yanfajer ينفجر
26- fire	=	nar نار
27- fighter	=	moqatil مقاتل
28- fortress	=	hessn حصن
29- gas	=	ghaz غاز
30- gas-mask	=	qina' ghaz قناع غاز
31- guard	=	harass حرس
32- gunner	=	madfa'e مدفعى
33- helmet	=	khuzah خوذة
34- invade	=	yaghzo يغزو
35- line	=	khat خط
36- lost	=	mafqood مفقود
37- martyre	=	shaheed شهيد
38- mobilization	=	ta'bi'ah تعبئة
39- navy	=	ostool أسطول

40- neutral zone	=	mantiqa muhayda منطقة محايدة
41- occupation	=	ehtlal احتلال
42- paratrooper	=	mizaly مظلى
43- peace	=	salam سلام
44- radioman	=	'amil la-silky عامل لاسلكى
45- rank	=	rutbah رتبة
46- rations	=	mu'an مؤن
47- records	=	sigilat سجلات
48- regiment	=	katibah كتيبة
49- requisition	=	talab ehtyat طلب احتياط
50- rocket	=	sarookh صاروخ
51- shoot	=	yaqzif يقذف
52- siege	=	hessar حصار
53- stab	=	yat'an يطعن
54- surrender	=	estislam استسلام
55- treaty	=	mu'ahada معاهدة
56- uniform	=	bazah بزة
57- violation	=	entihak انتهاك
58- war	=	harb حرب
59- wounded	=	jareeh جريح
60- zone	=	mantiqa منطقة

Arabic

For Non-native Speakers

UNIT

21

Travel

as safar السفر

(Recorded - File No. 21)

Listen to the following sentences. Practice reading and writing them several times.

Which airlines do you like ? — أي الخطوط الجوية تحب ؟

ai alkhotot algawya toheb

I prefer our national airlines, — أنا أفضل الشركة الوطنية ؟

ana ofadel al sherkh al watanya

I want to book two tickets to Dubai. — أريد حجز تذكرتين إلى دبي

oreedo hagza tazkartaen ela dobay

Which class ? — alaa ai dargah ? على أي درجة ؟

First class. — al daraga alola الدرجة الأولى.

Economy class. — al darga al seyahya الدرجة السياحية.

A No Smoking area, please. — في منطقة ممنوع التدخين، من فضلك.

fi mantekat mamnoua al tadgheen men fadlak

Smoking is forbidden on board. — التدخين ممنوع في الطائرة كلها.

al tadkheen mamnoua ala al tiara kolaha

How much is a one way ticket. — كم ثمن تذكرة ذهاب فقط ؟

kam thaman tazkaret zehab fakat

One hundred fifty Dollars. — مائة وخمسون دولار.

maah wa khamsoon dollar

I want a one way ticket. — أريد تذكرة ذهاب فقط.

orido tazkarata zehab fakat

A return ticket is much cheaper.

تذكرة الذهاب والعودة أرخص كثيرا.

tazkarat al zehab wal awdah arkhass katherran

I don't have enough money now.

ليس معي الآن مبلغا كافيا.

laysa maaey alan mablaghan khafeyan

Here you are sir.

ها هي تذكرتك يا سيدي.

ha hia tazkartak ya sayeedy

You can pay by visa card.

يمكنك أن تدفع باستخدام كارت الفيزا.

yomkenak an tadfaa bestkhdam kart al feza

Please be at the air port two hours before take off.

برجاء التواجد في المطار قبل ساعتين من الإقلاع.

bergaa al tawagod fi matar kabal sateen men al ekla

Take off is at 7.00 pm.

الإقلاع في السابعة مساء.

al eklaa fial sabaa massan

You have an overweight luggage.

وزن أمتعتك زائد عن المسموح به.

wazan amteatak zaed an al masmouh behe

How much I pay for extra weight?

كم سأدفع عن الوزن الزائد؟

kam sadfaa an al wazen al zaed

A hundred dirhams for 5 extra kilos.

مائة درهم عن خمسة كيلوجرامات.

maat derham an kol khamsat kelogramat

The visa is valid for two months.

التأشيرة صالحة لمدة شهرين.

al taeshera salha lemodat shahreen

Are you travelling to London ?

هل أنت مسافر إلى لندن ؟

hal anta mosafer ela london

Yes, sir.

نعم يا سيدي. naam ya sayedy

Can you tell me why do you go to London ?

هل لي أن أعرف سبب الزيارة ؟ hal le an aaref sabab alzeyara

Yes, I'll study PC science there.

نعم أنا مسافر لدراسة علوم الحاسب الآلي هناك.

naam ana mosafer ledraset oloom al hasseb al aly

Go to hall No. 3, please.

اتجه إلى الصالة رقم ٣ من فضلك.

etageh ela al salah rakam 3 men fadlak

We are still very early, we'll wait for a long time.

لا يزال الوقت مبكرا وسننتظر لفترة طويلة.

la yazal al waket mobakeran wa satantazer lefatra tawela

This is better than coming late.

هذا أفضل من أن نأتي متأخرين.

haza afdal men an naety motakhreen

Let's have something to drink.

لنتناول شرابا.

lenatanawal shraban

I prefer fresh juice.

أفضل العصير الطازج.

ofadel al aseer tazeg

I'll buy some magazines.

سأشتري بعض المجلات أيضا.

saashtarey baad al meglat aydan

Last call for Flight No. 333 to London.

النداء الأخير على الرحلة رقم ٣٣٣ إلى لندن.

al nedaa al akheer ala alrehla rakam 333 ela london

The plane is about to take off.

الطائرة على وشك الإقلاع.

al taerah ala washak al eklaa

Be in your seats and fasten your seat belt please.

على جميع الركاب البقاء في مقاعدهم وربط الأحزمة.

ala gameea arokab al baka fi makaedhem wa rabt alahzemah

Call the hostess, I want some water.

استدعي المضيفة، أريد ماء.

estadey al modeffa oreed bada almaa

We are about to land. Fasten your seat belt.

نحن على وشك الهبوط. اربط حزام مقعدك.

nahno ala washak al hoboot   Orbot hezam mekadak

Due to heavy fog we will not land now.

لن نهبط الآن بسبب الضباب الكثيف.

lan nahbet alan besabab al dabab al katheef

Happy landing. الحمد لله على السلامة.

alhamd lelah ala salamah

Same to you. salamak alah سلمك الله.

Wait till they open the doors of the plane.

انتظر حتى تفتح أبواب الطائرة.

entazer hata toftah abwab al taerah

We must collect our luggage first. لابد أن نستلم أمتعتنا أولا.

labod an nastalem amteatena awalan

Stamp your passport at the passport office.

اختم جوازاك في مكتب الجوازات.

ekhtem gawazak fi maktab al gawazat

Do you want to change any money ? هل تريد تغيير أي عملة ؟

hl toreed tagheer ay omlah

No, I have enough dollars. لا، معي ما يكفي من دولارات.

la maey mayakfey men dolarat

Let's take a taxi. lenaakhoz sayarah ograh لنأخذ سيارة أجرة.

We want to Go to Hyatt Regency Hotel in Dubai.

نريد الذهاب إلى فندق حياة ريجنسي في دبي.

noreed alzehah ela fondok hayat regency fi dobai

Yes, sir. You're welcome. نعم يا سيدي. مرحبا بك.

naam ya sayedy marhaban bek

How much ? kam alograh ? كم الأجرة ؟

Ten dirhams. ashrato derham عشرة دراهم.

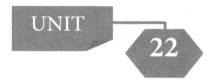

UNIT 22

At the Bank

fil bank في البنك

(*Recorded – File No. 22*)

Listen to the following sentences. Practice reading and writing them several times.

I want to cash this cheque. أريد صرف هذا الشيك من فضلك.

oreed sarf haza alsheek men fadlek

I would like to open a bank account أود فتح حساب في البنك.

awed fath hesa fil bank

What kind of bank accounts do you want ?

أي نوع من الحسابات تريد ؟

ay nooa men elhesabat toreed

A current account, please. أريد حسابا جاريا.

oreed hessaban gareyan

What is my account ? kam hesaby كم حسابي؟

You are overdrawn. ana madeen أنت مدين.

Shares are looking up and bonds are falling.

أسعار الأسهم ترتفع والسندات تهبط.

asar alashom tartafea wa Assanadat tahbet

I want to exchange some foreign currencies.

أريد تغيير بعض العملات الأجنبية.

oreed tagheer baad alomlat alagnabeyah

The debts exceed the assets. الديون تزيد عن الأصول.

aldeyoon tazeed an alosool

What is the rate of dollar exchange today ?

ما هو سعر صرف الدولار اليوم ؟

ma howa sear sarf aldolar alyoom

It is 5 L.E

إنه خمسة جنيهات مصرية.

enaho khamsat gonayhat masreyah

Endorse the check before cashing it..وقع على ظهر الشيك لتصرفه

wakaa ala zaher asheek letasrefho

I want to cash some traveler's cheques.

أريد صرف شيكات سياحية.   oreed sarf sheekat seyaheya

I lost my credit card.   لقد فقدت بطاقة الائتمان .

lekad fakadt betaket aleeteman

Is there any cashing machine nearby.

ألا توجد ماكينة صرف قريبة من هنا.

ala togad makenat sarf kareebah men hona

Next counter, please !   اذهب إلى الشباك المجاور من فضلك.

ezhab ela akshebak almegawer men fadelk

Sign here, please.   وقع هنا، من فضلك.   wkea hona men fadlak

Islamic deals.   معاملات إسلامية   moamalat eslameya

Fill this form.   املأ هذه الاستمارة.   emlaa hazehe alestemara

Signatures must be clear and similar.

لابد أن يكون التوقيع واضح ومماثل.

labod an yakoon altawkeea wadeh wa momathel

I'd like to transfer some money to my son in Tanzania.

أريد تحويل بعض المال إلى ابني في تنزانيا.

oreed tahweel baad almal ela ebni fi tanzanya.

He wants to get his money back from a European bank.

إنه يريد استعادة أمواله من بنك أوروبي.

enaho yoreed esteadet amwaloh men bank oroby

We’ll discount 5 $ of your account.

سنخصم ٥ دولارات من حسـابك.

sanakhsam khamsat dolarat men hessabak

I have a letter of credit on this bank.

لدي خطاب اعتماد على هذا البنك.

ladaya khetab eatemad ala hza albank

I want to open a shared account with my wife.

أريد فتح حساب مشترك مع زوجتي.

oreed fath hesab moshtarak maa zawgaty

She wants to open an account.

أنها تريد فتح حساب.

enaha toreed fateh hessab

This is a deposit account.

هذا حساب إيداع. haza hessab edaa

I want to get six hundred dollars out.

أريد سحب ستمائة دولار.

oreed sahb sotomeat dollar

Some small change, please.

أريد بعض العملات الصغيرة من فضلك.

oreed baad alomlat alsagherah men fadlak

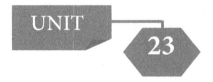

UNIT 23

At the Hotel

fil fondok في الفندق

(*Recorded – File No. 23*)

Listen to the following sentences. Practice reading and writing them several times.

Do you have any hotel reservation ?

هل لديك حجز في فندق ؟

hal ladayek hagez fi fondok

Yes, I have a five stars hotel reservation.

نعم لدي حجز في فندق خمس نجوم.

naam laday hagz fi fondok khamas nogoom

I prefer a four stars hotel. It is comfortable and cheaper.

أفضل فندق أربعة نجوم لأنه مريح ورخيص.

ofdal fondok arbaat nogoom laanahoh moreeh we rekhees

I want a single room with a bath.

أريد غرفة لفرد واحد بحمام خاص.

oreed ghorfah lefared wahed behamam khas

We want a double room with a bath.

نريد غرفة لشخصين بحمام خاص.

noreed ghorfah leshakhseen behmam khass

There is only one vacant room in the hotel.

توجد غرفة واحدة فقط شاغرة في الفندق.

togad ghorfa waheda fakat shaghera fel fondok

Can I book a double room for a week ?

هل يمكنني حجز غرفة مزدوجة لمدة أسبوع.

hal yomkenony hagz khorfa mozdawagah lemodet osbooa

We are sorry sir. We are booked till the end of this month.

آسفين يا سيدي، غرفنا محجوزة حتى نهاية هذا الشهر.

asfeen ya sayedy ghorafnah mahgozah hata nehayet haza as-shaher

How long do you intend to stay? ما المدة التي تنوي قضاءها ؟

mal modah alaty tanwey kadaaha

How much do you charge per day ? كم أيجار الغرفة في اليوم ؟

kam egar algkorfah fil youm

Thirty dollars. thalasthoon dollar ثلاثون دولار.

Very expensive. ghalen gedan غال جدا.

Does this include meals ? هل هذا يشمل الوجبات ؟

hal haza yashmal alwagabat

Yes sir, full board. نعم يا سيدي، إقامة كاملة.

naam yasayedy ekamah kamlah

Write your name, nationality, address and date of birth.

اكتب اسمك وجنسيتك وعنوانك، وتاريخ ميلادك.

oktob esmak we gensyetek we enwanak we tareekh meladek

Leave the key at the desk before you go out.

اترك المفتاح بمكتب الاستقبال قبل الخروج.

otrok elmoftah fe maktab alestekbal kabl alkhorog

Your room is number 33. ghorfatak rakam 33. غرفتك رقم ٣٣.

Take the lift to the third floor and the porter will carry your luggage. خذ المصعد إلى الطابق الثالث، وسيأتي الحمال بأمتعتك إلى هناك.

khoz almasad ela altabek althaleth wa sayaty alhamal beamteatek honak

You're welcome, sir. marhaban bek ya sayedy. مرحبا بك يا سيدي.

The room is well furnished. الغرفة مؤثثة جيدا.

alghorfah moasasah gayden

How can I call the attendant ? كيف يمكنني استدعاء الخادم ؟

kayfa yomkenony estedaa alkhadem

Ring him twice.   دق له الجرس مرتين. dok laho algaras marateen.

Take these clothes to the laundry and press this suit for me, please.   خذ هذه الملابس إلى المغسلة، كما أريد كي هذه البدلة من فضلك.

khoz hazeh almalabes ela almaghsalah kama oreed kay hazeh elbadlah men fadlak

You can have breakfast in your room if you wish.

يمكنك أن تتناول الإفطار في غرفتك إذا أردت ذلك.

yomkenak an tatanawal aleftar fi ghorfatek eza aradt zalek

Send me the attendant, please.   أرسل لي الخادم من فضلك.

ersel ly alkhadem men fadlk

Any letters or parcels for me?   هل يوجد لي أي خطابات أو طرود؟

hal yogad li ay khetabat aw torood?

Check out is at 2.00pm.   موعد المغادرة يكون في الثانية ظهرا

mawed almoghadarah yakoon fi althaletha zohran

We are leaving this evening ?   سنغادر الفندق مساء اليوم.

sanoghader alfondok massaa alyawm

May I have the bill please ?   أريد الفاتورة من فضلك.

oreed alfatoorah men fadlak

Thank you for your good accommodation.

ashkorek ala elekamah altayebah.   أشكركم على الإقامة الطيبة.

This is a marvelous hotel.   haza fondok modhesh.هذا فندق مدهش

I'll advice my friends to book rooms here.

سأنصح أصدقائي بحجز غرف هنا.

saansah aqsdekaey behagz ghoraf hona

The air conditioner is excellent.   تكييف الهواء ممتاز.

takeef alhawa momtaz

Arabic

For Non-native Speakers

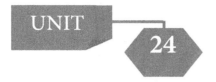

At Home

في المنزل
fil manzel

(*Recorded – File No. 24*)

Listen to the following sentences. Practice reading and writing them several times.

I'll take a hot bath.

سآخذ حماما ساخنا.

saakhoz hamaman sakhenan

You have to dress quickly.

عليك أن ترتدي ثيابك بسرعة.

alayek an tartadey theyabak besoraa

Is the breakfast ready ?

هل الإفطار معد ؟ hal eleftar moad ?

Yes, we are waiting for you.

نعم، ونحن بانتظارك.

naam wa nahno bentezarak

It is cold this morning.

الجو بارد هذا الصباح.

algaw bared haza alsabah

Some tea, please.

أريد قليلا من الشاي، من فضلك.

oreed qalelan mena alshay men fadlek

Weak or strong.

خفيفا أم ثقيلا؟ khafefan am thakelan

We want to visit the Johnson's today.

نريد أن نزور عائلة جونسون اليوم.

noreed an nazoor aelat gonson alyawm

I have an important meeting today, remind me at 4.00pm.

عندي اجتماع هام اليوم، ذكرني به في الرابعة بعد الظهر.

endy egtemaa ham alyawm, zakerny behe fi alrabeaa baad alzohr

A visitor is coming to us today at 8.00 pm.

سيأتينا زائر اليوم في الثامنة مساء.

sayaeteena zaer alyawm fi alsamenah masaa

She doesn't want to be late for her work.

أنها لا تريد أن تتأخر عن عملها.

enaha la toreed an tataakhar an amaleha

We need to pass some time in the club on Friday.

نحتاج لقضاء بعض الوقت في النادي يوم الجمعة.

nahtag lekadaa baad alwakt fi elnady yoom algomaa

Your house is always clean and tidy. منزلك نظيف ومرتب دائما.

manzelak nadheef wa moratab daeman

Thank you very much. shokran gazelan شكرا جزيلا.

Don't you want to check your e-mail.

ألا تريد تفحص بريدك الإلكتروني.

ala toreed tafahos bareedak alelktroony

No, I checked it in the morning then I had a chat with a friend. لا، فقد تفحصته في الصباح ثم تحاورت مع صديق لي.

la fakad tafahstaho fi elsabah thom tahawart maa sadeek

Don't waste your time chatting.

لا تضيع وقتك في الحوار عبر الشبكة.

la todaya waktak fi elhewar abr al shabakah

Let's watch TV or listen to the radio.

دعونا نشاهد التليفزيون أو نستمع إلى المذياع.

daonah noshahed altelefezyoon aw nastamea ela almezyaa

No, I want to browse some internet sites first.

لا، فأنا أود تصفح بعض مواقع الإنترنت أولا.

la faana awed tasafoh baad mawakea alenternet awalan

OK. Do that then follow me to the living room.

حسنا. افعل ذلك ثم اتبعني إلى غرفة المعيشة.

hassanan, efaal zalek soma etbaany elaghorfat al maesha

I have to change my mobile phone. It is very old.

أود تغيير هاتفي المحمول فقد أصبح قديما جدا.

awad tagheer hatefy almahmol fakad asbaha kademan gedan

I need a mobile phone with camera.   أريد هاتفا محمولا به كاميرا.

oreed hatefan mahmoolan behe kamera

We have to buy some groceries tomorrow.

علينا شراء بعض الطلبات من البقالة غدا.

alayna shera baad altalabat men albakalah ghadan

The teacher says that your son is very weak in Arabic.

يقول المدرس إن ابنك ضعيف في اللغة العربية.

yakool al modares en ebnak daeef fi allogha alarabyaa

I'll ask someone to give him lessons at home.

سأطلب من أحد المدرسين أن يعطيه دروسا في المنزل.

satlob men ahad almodarsen an yateeh derossan fi elmanzel

No, I'd like you to help him to do his homework.

لا، أريدك أن تساعده في عمل واجباته.

la oreedok an tosaedoh fi amel wagebateh

I think, I can't help him. I'm not a teacher.

أعتقد إنه ليس بإمكاني مساعدته، فأنا لست مدرسا.

ataked anaho laysa bemkany mosadataho fana lasto modaresan.

Teach me how to browse the net.   علمني كيف أتصفح الشبكة.

alemny kayfa atasafh alshabakah

My friends will come to visit me on Saturday.

سيأتي أصدقائي لزيارتي يوم السبت.

sayaety asdkaey lezyaraty yoom elsabt

I like to have lunch on time.   أحب تناول الغداء في موعده.

ohab tanawel alghada fi mawedoh

We sometimes have tea and cakes at 5.00pm.

أحيانا نتناول الشاي والكيك في الخامسة مساء.

ahyanan natanawal as-say wal keak fil Khmesa masan

Our flat is not big but it is well designed.

شقتنا ليست واسعة لكن تصميمها جيد.

shakatna laysat wasaa laken tasmemaha gayed

Do you want some coffee or tea after dinner.

أتحب أن تشرب شايا أم قهوة بعد العشاء.

atoheb an tashrab shayan am kahwa baad alashaa

No, I prefer some fresh juice.

لا، أنا أفضل العصير الطازج.

la ana ofadel alaseer altazeg

I'll go to the cinema tomorrow.

سأذهب إلى السينما غدا.

saazhab ela alsenema ghadan

I prefer watching TV at home.

أفضل مشاهدة التلفاز في المنزل.

ofadel moshahadat altelfaz fi elmanzel

We will pass a day in public gardens.

سنقضي يوما في الحدائق العامة.

sanakdey yawman fil hdaek alamah

They are in need of a picnic in fresh air.

إنهم بحاجة لنزهة في الهواء الطلق.

enahom behagah lenozha fi alhwaa altalk

But, I have a lot of work this week.

لكني لدي كثير من العمل هذا الأسبوع.

lakenany ladaya katheer men alamal hza elesboa

Let it be next week.

ليكن ذلك في الأسبوع القادم.

leyakon zalek fi elesboa alkadem

Arabic

For Non-native Speakers

ASSIGNMENT :

The Following Lesson is not recorded, try to read it correctly. Consult some of your Arab friends and read several sentences with them. Make sure you can read all sentences easily.

UNIT 25

VARIED SITUATIONS

مواقف متنوعة

mawakef motanwea

Listen to the following sentences. Practice reading and writing them several times.

Public Transportation

وسائل المواصلات العامة:

wasael almwasalat alama

I prefer to travel by train.

أنا أفضل السفر بالقطار.

ana ofadel assafer belketar

Where is the bus stop ?

أين محطة الحافلات ؟

ayn mehatet alhafelat

First class tickets are always expensive.

تذاكر الدرجة الأولى غالية دائماً.

tazaker aldargah alola ghalyah daeman

We are taking the 7 o'clock train to Benha.

سنأخذ قطار السابعة إلى بنها.

sanakhoz ketar alsabeaa ela banha

Do you have your ticket ?

هل معك تذكرة ؟

hal maak tazkara ?

Three, third, singles.

أريد ثلاث تذاكر في الدرجة الثالثة ذهاب فقط.

oreed thalathat tazaker fi aldaragah alola

How long does the train stop here ?

كم ينتظر القطار هنا ؟

kam yantazer alketar hona

A fifteen minutes stop.

يتوقف لمدة خمسة عشر دقيقة.

yatawakf lemodat khams asher dakeka

These seats are reserved, sir.

هذه المقاعد محجوزة يا سيدي.

hazeh almakaed mahgoza yasayedy

We prefer to travel by bus.

نحن نفضل السفر بالحافلة.

nahno nofadel alsafer belhafela

Short journeys by bus are comfortable.

الرحلات القصيرة بالحافلة مريحة.

alrahalat alkaserah belhafela moreeha

But, long journeys are boring.

لكن الرحلات الطويلة مملة.

laken alrahlat altawelah momelah

Four return tickets to Giza, please.

أربعة تذاكر إلى الجيزة ذهابا وعودة من فضلك.

oreed arbaat tazaker ela algeza zehaban wa awdah men fadlak

Air conditioned bus, please.

في حافلة مكيفة الهواء.

fi hafela mokayafat alhwaa

Air condition buses are in the opposite station.

الحافلات مكيفة الهواء توجد في المحطة المقابلة.

alhafelat mokayafat alhawa togad fi elmahtah almokabelah

Tourist trains include dining and sleeping carriages.

القطارات السياحية بها عربات نوم وعربات طعام.

alketarat alseyaheya beha arabat noom wa arabat taam

In Cairo, you can use the underground. It is faster and cheaper.

في داخل القاهرة يمكنك استخدام مترو الأنفاق. إنه أسرع وأرخص.

fi dakhel alkahera yomkenk estekhdam mertro alanfak enaho asraa we arkhas

Planes are the fastest means of transport.

altaerat asraa wasael alsafar الطائرات أسرع وسائل السفر.

But, I like to travel to Europe by ship.

لكني أحب السفر إلى أوروبا بالسفينة.

lakeny oheb alsafar ela oroba belsafena

Ships are slower but safer. السفن أبطأ لكنها أكثر أمنا.

assofon abtaa lakenha akther amanan

Planes are better for long international journeys.

الطائرات أفضل في الرحلات الدولية الطويلة.

altaerat afdal fi alrahlat aldawleya altweelah

These are the emergency exits of the plane.

هذه هي مخارج الطوارئ في الطائرة.

hazeh heya makhareg altwarea fil taera

You can book your tickets by phone or through the net.

يمكنك حجز التذاكر بالهاتف أو من خلال الشبكة.

yomkenk hagz altazaker belhatef aw men khelal alshabkah

*** ***

At the Club *fi elnady* في النادي

I go to the club every Friday. أذهب للنادي كل يوم جمعة.

azhab lelnadey kol yoom gomaa

The swimming pool is always clean and healthy.

حمام السباحة نظيف وصحي دائما.

hamam alsebaha nazeef we sehi daeman

We can meet in the garden. نستطيع أن نتقابل في الحديقة.

nastatea an natakabal fil hadeka

They play football everyday. إنهم يلعبون كرة القدم كل يوم.

enahom yalaboon korat alkadam kol yoom

Our club is famous for rare games.

يشتهر نادينا بالألعاب النادرة.

yashtaher nadenah belalaab alnaderah

They play tennis in the morning.

إنهم يلعبون التنس في الصباح.

enahom yalaboon altenes fil sabah

All members will attend this party.

سيحضر جميع الأعضاء هذا الحفل.

sayahder gameea alaadaa haza alhafl

Do you practice any athletic sports ?

هل تمارس أي من ألعاب القوى ؟

hal tomares ay men alaab alkowah

I play long jump and high jump.

أمارس الوثب الطويل والعالي.

omares akwatheb altweel wa alaly

There is an Arabic horse race today.

يوجد سباق للخيول العربية اليوم.

yogad sebak lelkhyool alarabyah alyawm

Yes, I do some exercises every morning.

نعم. أودي بعض التمرينات كل صباح.

naam oadey baad altamrenat kol sabah

My brother is an excellent boxer.

إن أخي ملاكم ممتاز.

en akhey molakem momtaz

Are you a professional player ?

هل أنت لاعب محترف ؟

hal anta laeb mohtaref

No, I'm an amateur.

لا ، أنا لاعب هاو. la ana laeb hawey

Don't you go to any sporting club? ألا تذهب إلى أي ناد رياضي ؟

ala tazhab ela ay nadey reyady

I go to the National Sporting Club.

أنا أذهب إلى النادي الأهلي.

ana azhab ela alnadey alahly

I'm an old member in that club.

أنا عضو قديم في ذلك النادي.

ana odwe kadeem fi zalek alnadey

What games do you like ? ما هي الألعاب التي تحبها ؟

maheya alalaab alaty tohebaha

I like basketball and swimming. أحب كرة السلة والسباحة..

oheb korat alsalah welsebaha

Gymnastics give the body strength and gracefulness.

الألعاب الرياضية تمنح الجسم القوة والرشاقة.

alalaab alreyadeyah tamnah algesm kowah wa rashakah

Football is the most popular game. كرة القدم أكثر الألعاب شعبية.

korat alkadam akther alalaab shaabeyah

The goalkeeper is vigilant and quick. حارس المرمى يقظ وسريع.

hares almarmah yakez wa sareea

Both teams are strong. alfareekan kawyan الفريقان قويان.

He scored a goal from the penalty kick.

sagal hadafan men darbet algazaa سجل هدفا من ضربة الجزاء.

The boxer knocked his opponent down.

askat almolakem khesmaho ardan أسقط الملاكم خصمه أرضا.

He won the first round.

lakad kassab agawlah al olah لقد كسب الجولة الأولى.

He is breaking round. enaho yatragaa إنه يتراجع.

His opponent is a fierce boxer. خصمه ملاكم عنيف.

khesmaho molakem aneef

Are you a clever swimmer ? هل أنت سباح ماهر ؟

hal anta sabah maher

Yes, I can also dive for a long time.

نعم ويمكنني أيضا أن أغوص لوقت طويل.

naam wa yomkeneny aydan an aghoos lewakt taweel

Sailing is a risky sport. الإبحار بمركب شراعي رياضة خطرة.

alebhar bemarkeb sheraey reydah khaterah

I like watching car races. أحب مشاهدة سباقات السيارات.

It's a dangerous sport. إنها رياضة خطرة. enaha reydah khterah

I prefer cycling to driving. أفضل قيادة الدراجات على قيادة السيارات.

ofadel keydat aldragat ala keyadet alsayrat

But, take care at the crossroads. لكن، انتبه عند تقاطع الطرق.

laken entabeh end takatoa al torok

Walking around the track is suitable for old people.

المشي حول الملعب مناسب لكبار السن.

almashey hawl almalaab monasseb lekebar alsen

My grandfather still plays tennis every week.

لا يزال جدي يلعب التنس كل أسبوع.

layazal gedy yalab altenes kol osbooa

Boxing is not suitable for you. You are still young and weak.

الملاكمة لا تناسبك فأنت لا تزال صغيرا وضعيفا.

almolakamah latonasebak faanta latazal sagheran wa daefan

It is better for you to practice some gymnastics.

من الأفضل لك أن تمارس بعض ألعاب القوى.

men alafdal an tomars baad alab alkowa

All sports help the body to be fit.

كل الرياضات تساعد الجسم ليصبح لائقا.

kol alreydat tosaad algesm leyosbeh laekan

The player was punished for a rude clash.

عوقب اللاعب بسبب صدام خشن.

okeb allaaeb besabab sedam khashen

Don't practice rough games, you are still ill.

لا تمارس الرياضات العنيفة، فأنت لا تزال مريضا.

la tomares alreyadah alanefa faanta latazalo maredan

He was rewarded for his good behavior. كوفئ لسلوكه الطيب.

kofea leslokh al tayeb

The coach asked the players to attack.

طلب المدرب من اللاعبين أن يهاجموا.

talab almodareb men allaabeen an yohagemo

He is still young. He can't play wrestling.

إنه لا يزال صغيرا، لا يمكنه أن يصارع.

enaho layazal sagheran la yomkenho an yosarea

You must be an honest opponent. لابد أن تكون خصما شريفا.

labod an takoon khesman sharefan

This is a team game, you can't play it alone. Pass the ball to others. هذه لعبة جماعية، لا يمكنك أن تلعب منفردا. مرر الكرة للآخرين.

hazehy leabah gamaaeyah layomkenk an talaab monfaredan marer alkorah lelakhareen

She is a good table tennis player. إنها لاعبة تنس طاوله جيدة.

enaha laaebat tens tawlah gayedah

She won many competitions. لقد فازت بالعديد من المسابقات.

lakad fazat beladeed men almosabakat

I practice judo every Thursday. أمارس الجودو كل خميس.

omars algodoo kol khamees

They won the match last night. لقد فازوا بالمباراة ليلة أمس.

lakad fazo belmobarah lailata ams

All sports have their ethics. لكل الرياضات أخلاقياتها.

lekol alreyadat akhlakyatha

*** ***

At the hairdresser *enda al hlak* عند الحلاق

I would like to have my hair cut. أريد أن أحلق شعري.

oreed an ahlak sharey

I want it short at the back and sides.

أريده قصيرا من الخلف والجوانب.

oreedaho kaseeran men alkhalf wa algawaneb

I want just to trim it.   oreed tasweya fakat. أريد تسويته فقط.

May I trim your moustache, sir ? هل لي أن أهذب شاربك يا سيدي؟

hal ley an ohazeb sharebak ya sayedy

Yes, please.   naam men fadlak نعم. من فضلك.

Would you like a shampoo, sir ?

هل تريد غسيل شعرك بالشامبو يا سيدي ؟

hal toreed ghaseel sharak belshamboo ya sayedy

I want a short haircut. أريد أن أقصر شعري.

oreed an okaser shaarey

I need a haircut and a shave. أريد أن أحلق شعري وذقني.

oreed an ahlek shaary wa zakny

You need a hair tonic sir. Your is getting thin.

إنك تحتاج إلى مقو للشعر يا سيدي، فشعرك يبدو ناحلا.

enak tahtag ela moqawy lelshaar fashaarak yabdoo nahellan

✳✳✳   ✳✳✳

At the Laundry   *fil maghsalah* في المغسلة

I want to wash these clothes, please.

أريد غسل هذه الملابس، من فضلك.

oreed ghasl hazehy al malabes.men fadlak

Can I have them tomorrow ? هل يمكنني أن أتسلمهم غدا.

hal yomkeneny an atasalmahom ghadan

Yes, in the afternoon.   naam baad alzohr. نعم، بعد الظهر.

This shirt is not ironed and this dress is scorched.

هذا القميص لم يكوى، وهذا الفستان أحرقته المكواة.

haza alkamees lam yokwa.wa haza al fostan ahrakataho al mokwah

Pay attention to may laundry next time. This shirt is still dirty.

اعتن بالغسيل الخاص بي في المرة القادمة، فهذا القميص لا يزال متسخا.

eatamy belghaseel al khas by fil marah alkademah fahza al kamees la yazal

motasakhan

I'm sorry sir. It won't be repeated.

معذرة، فهذا لن يتكرر.

maazerah fahaza lan yatakarar

Arabic

For Non-native Speakers

UNIT 26

Daily life Arabic words

الكلمات التي تستخدم في الحياة اليومية

Word	Arabic araby عربي	Word	Arabic araby عربي
the	al أل	I	ana أنا
of	Men من	his	melkaho ملكه
to	Ela إلى	they	هم/ هن
and	Wa و		Hom/hon
who	Alazy الذى	be	yakon يكون
in	Fiفي	at	fi في
is	يكون	have	لديه/لديها/لديهن/لديهم
it	Heya/hwa هي/هو		Ladayh/ladyha/
you	enta أنت		ladayhen/Ladayhem
that	الذي/التي		(presen)
	Alazy/alaty	this	haza هذا
he	hwa هو	from	men من
was	كان/كانت	or	aw أو
	Kan/kanat	had	لديه/لديها/لديهن/لديه
for	من أجل		م
	Men agl		Ladayh/ladyha/
on	ala على		ladayhen/
are	يكونوا/تكونوا		Ladayhem
	Yakona/takono		(past)
with	maa مع	by	bewasatat بواسطة
	ka /ك	hot	har حار
as		word	kalemah كلمة

Word	Arabic araby عربي	Word	Arabic araby عربي
but	laken لكن	time	wakt وقت
what	ماذا/ما	if	eza إذا
	Maza/ma	will	sawfa سوف
some	baad بعض	way	taeek طريق
we	nahn نحن	about	An عن
can	yastatea يستطيع	many	katheer كثير
out	khareg خارج	then	henaez حينئذ
other	akhareen آخرين	them	endahom عندهم
were	kano كانوا	write	yaktob يكتب
all	Al-kol الكل	would	sawfa سوف
there	honak هناك	like	yarook يروق
when	endama عندما	so	eza إذا
up	aala أعلى	these	haola هؤلاء
use	يستخدم	her	Melkaha ملكها
	yastakhdem	long	taweel طويل
your	melkak ملكك	make	tasnaa يصنع
how	kayfa كيف	thing	shayee شيء
said	kal قال	see	yara يرى
likely	من المحتمل	him	endaho عنده
	Men almohtamal	two	ethnan اثنان/اثنتان
each	كل واحد	has	لديه/لديها
	Kol wahd		Ladayhe/ladayha
she	heya هي	look	yanzor ينظر
which	التي/ الذي	more	akther أكثر
	Alaty/alazy	day	yoom يوم
do	yaamal يعمل	could	yastatee يستطيع
their	ملكهم	go	yazhab يذهب
	melkahom	come	yaety يأتي

Word	Arabic araby عربي	Word	Arabic araby عربي
did	Faal(past) فعل	place	makan مكان
number	adad عدد	made	sanaa صنع
sound	soot صوت	live	yaeesh يعيش
no	la لا	where	hayth حيث
most	alakther الأكثر	after	baad بعد
people	alnass الناس	back	alkhalf الخلف
my	melky ملكي	little	kaleel قليل
over	fawk فوق	only	fakat فقط
know	yaeref يعرف	round	hawl حول
water	maa ماء	man	ragol رجل
than	أكثر من Akthert men	year	Am/sana عام/سنة
call	ينادي/يدعو Yonady/yadoo	came	zahab ذهب
first	alawal الأول	show	tazhar يظهر
develop	yonamy ينمي	every	kol كل
may	robama ربما	good	hassan حسن
down	taht تحت	shoe	hezaa حذاء
side	ganeb جانب	give	yoety يعطي
mind	akl عقل	our	melkenahl ملكن
now	alan الآن	under	taht تحت
find	daged يجد	name	esm اسم
any	ay أى	very	gedan جدا
new	gadeed جديد	through	abr عبر
work	yaamal يعمل	just	twan توا
part	goze جزء	form	yoshakel يشكل
take	taakhoz يأخذ	sentence	gomlah جملة
get	يحصل على Yahsol ala	great	azeem عظيم
		think	yofaker يفكر
		say	yakool يقول

Word	Arabic araby عربي	Word	Arabic araby عربي
help	yosaed يساعد	home	manzel منزل
low	منخفض	read	yakraa يقرأ
	monkhafed	hand	yad يد
line	khat خط	port	menaa ميناء
differ	yakhtalef يختلف	large	kabeer كبير
turn	yohawel يحول	spell	Yat-hga يتهجى
cause	yosabeb يسبب	add	yodeef يضيف
much	katheer كثير	even	hatah حتى
mean	yaemy يعي	land	ardh أرض
before	kabl قبل	here	hona هنا
move	yatahrak يتحرك	must	yageb يجب
right	yameen يمين	big	kabeer كبير
boy	saby صبي	high	aaly عالي
old	kabeer كبير	such	methl مثل
same	nafs نفس	follow	yataea يتبع
tell	yokhber يخبر	act	yomathel يمثل
does	تفعل/يفعل	why	lemaza لماذا
	Tafael/yafaal	ask	yasal يسأل
sit	yagles يجلس	men	regal رجال
three	thalth ثلاث	change	yoghayer يغير
want	yoreed يريد	went	zahab ذهب
air	hawaa هواء	light	Do-ea ضوء
well	Be-er بئر	kind	Noa نوع
also	aydan أيضا	offend	yoheen يهين
play	yalab يلعب	need	yahtag يحتاج
small	sagheer صغير	house	manzel منزل
end	nehayah نهاية	picture	sorah صورة
put	yadaa يضع	try	yohawel يحاول

Word	Arabic araby عربي	Word	Arabic araby عربي
use	يستخدم	food	taam طعام
	yastakhdem	sun	shams شمس
again	مرة أخرى	four	arbaa أربعة
	Marah okhra	between	baen بين
animal	hayawan حيوان	state	halah حالة
point	noktah نقطة	keep	yohafez يحافظ
mother	om أم	eye	aen عين
world	alam عالم	never	abdan أبدًا
near	kareeb قريب	last	akheer أخير
build	yabny يبني	let	yadaa يدع
self	nafs نفس	thought	fakar فكر
earth	ardh أرض	city	madinah مدينة
father	ab أب	tree	shagrah شجرة
head	raas رأس	cross	aber عبر
stand	yakef يقف	farm	mazraa مزرعة
own	yamlok يملك	hard	saab صعب
page	safha صفحة	start	yabdaa يبدأ
should	yageb يجب	might	robamah ربما
country	balad بلد	story	Kesah قصة
found	wagad وجد	saw	Raa-a رأي
answer	yageb يجيب	far	baeed بعيد
school	madrasah مدرسة	sea	bahr بحر
grow	yonamy ينمي	draw	yarsem يرسم
study	yozaker يذاكر	left	ghadar غادر
wool	hadeed حديد	late	motaakher متأخر
learn	yataalam يتعلم	run	yagry يجري
plant	zaraa زرع	don't	la لا
cover	yoghaty يغطي	while	baynamah بينما

Word	Arabic araby عربي	Word	Arabic araby عربي
press	sahafah صحافة	until	hatah حتى
close	yaghlek يغلق	mile	meel ميل
night	lelah ليلة	river	nahr نهر
real	hakeky حقيقي	car	sayarah سيارة
life	hayat حياة	feet	kadam قدم
few	kaleel قليل	care	enayah عناية
north	shamal شمال	second	althany الثاني
open	yaftah يفتح	book	ketab كتاب
seem	yabdo يبدو	carry	yahmel يحمل
together	maan معا	took	akhaz أخذ
next	altaly التالي	science	elm علم
white	abyad أبيض	eat	yaakol يأكل
children	alatfal الأطفال	room	ghorfa غرفة
begin	yabdaa يبدأ	friend	sadeek صديق
got	حصل على	began	badaa بدأ
	Hassal ala	idea	fekrah فكرة
walk	yamshy يمشي	fish	samak سمك
example	methl مثل	mountain	gabal جبل
ease	yokhafef يخفف	stop	yakef يقف
paper	warak ورق	once	marah مرة
group	magmoa مجموعة	base	asas أساس
always	dayman دائما	hear	yasmaa يسمع
music	mosekah موسيقى	horse	hossan حصان
those	haola هؤلاء	cut	yaktaa يقطع
both	kelahomah كلاهما	sure	motaaked متأكد
mark	daragah درجة	watch	yoshahed يشاهد
often	ghaleban غالبا	color	lawen لون
letter	khetab خطاب	face	wagh وجه

Word	Arabic araby عربي	Word	Arabic araby عربي
wood	khashab خشب	black	aswad أسود
main	raeesy رئيسى	short	kaseer قصير
enough	kafy كافي	numeral	adadey عددي
plain	sahl سهل	class	fasl فصل
girl	fatah فتاة	wind	reeh ريح
usual	ady عادي	question	soal سؤال
young	sagheer صغير	happen	yahdoth يحدث
ready	gahez جاهز	complete	yokamel يكمل
worked	amal عمل	ship	safenah سفينة
ever	daeman دائما	area	mantekah منطقة
red	ahmar أحمر	half	nesf نصف
list	kaemah قائمة	rock	sakhrah صخرة
though	من خلال	order	kezam نظام
	Men khelal	fire	nar نار
feel	yashor يشعر	south	shamal شمال
talk	yatahadath يتحدث	problem	moshkelah مشكلة
bird	taer طائر	piece	ketaa قطعة
soon	kareban قريبا	told	akhbar اخبر
body	gesm جسم	knew	yaeref يعرف
dog	kalb كلب	pass	yagtaz يجتاز
family	aelah عائلة	since	monzo منذ
direct	mobasher مباشر	top	kemah قمة
pose	yorakez يركز	whole	kol كل
leave	yatrok يترك	king	malek ملك
song	oghneyah أغنية	space	fadaa فضاء
measure	yakees يقيس	heard	samaa سمع
door	bab باب	best	alahsan الأحسن
product	montag منتج	hour	saah ساعة

Word	Arabic araby عربي	Word	Arabic araby عربي
better	afdal أفضل	war	harb حرب
true	hakeeky حقيقي	lie	yakzeb يكذب
during	athnaa أثناء	against	dedah ضد
hundred	maah مئة	pattern	namozag نموذج
five	khamsah خمسة	slow	bate-e بطئ
remember	yatazaker يتذكر	center	markaz مركز
step	khatwah خطوة	love	yoheb يحب
early	baker باكر	person	shakhas شخص
hold	yomsek يمسك	money	nokood نقود
west	gharb غرب	serve	yakhdem يخدم
ground	ardh أرض	appear	yazhar يظهر
interest	ehtemam اهتمام	road	tareek طريق
reach	yassel يصل	map	kharetah خريطة
fast	saea سريع	rain	yomter يمطر
verb	feal فعل	rule	kaedah قاعدة
sing	yoghany يغني	govern	yahkom يحكم
listen	yastamea يستمع	pull	yagor يجر
six	setah ستة	cold	bared بارد
table	mandadah منضدة	notice	yolahez يلاحظ
travel	yosafer يسافر	voice	soot صوت
least	alakal الأقل	unit	wehdah وحدة
morning	sabah صباح	power	kowah قوة
ten	asharah عشرة	town	madenah مدينة
simple	baseet بسيط	fine	hassan حسن
several	adeed عديد	certain	Mota-aked متأكد
vowel	حرف متحرك	fly	yateer يطير
	Harf motaharek	fall	yaskot يسقط
toward	nahw نحو	lead	yakood يقود

124

Word	Arabic araby عربي	Word	Arabic araby عربي
cry	yabky يبكي	development	tanmeyah تنمية
dark	monazam مظلم	ocean	moheet محيط
machine	makenah ماكينة	warm	dafea دافئ
note	malhozah ملحوظة	free	hor حر
wait	yantazer ينتظر	minute	dakekah دقيقة
plan	khetah خطة	strong	kawey قوي
figure	shakl شكل	special	khas خاص
star	negmah نجمة	mind	yamnaa يمنع
box	sondook صندوق	behind	khalf خلف
noun	esm اسم	clear	wadeh واضح
field	nawen حقل	tail	zayel ذيل
rest	yartah يرتاح	produce	yonteg ينتج
correct	yosaheh يصحح	fact	hakekah حقيقة
able	kader قادر	street	share شارع
pound	geneeh جنيه	inch	bosah بوصة
watched	shahed شاهد	multiply	yadhreb يضرب
beauty	gamal جمال	nothing	lashae لا شيء
drive	yakood يقود	course	dawrah دورة
stood	wakafa وقف	stay	yokeem يقيم
contain	yahtawy يحتوي	wheel	agalah عجلة
front	amamy أمامي	full	kamel كامل
teach	yadros يدرس	force	kowah قوة
week	osboa أسبوع	blue	azrak أزرق
final	nehaey نهائي	object	fael فاعل
gave	aata أعطي	decide	yokarer يقرر
green	akhdhar أخضر	surface	sath سطح
oh	oh أوه	deep	ameek عميق
quick	sareea سريع	moon	kamar قمر

Word	Arabic araby عربي	Word	Arabic araby عربي
island	gazeerah جزيرة	check	yathakak يتحقق
foot	akdam أقدام	game	leabah لعبة
system	nezam نظام	shape	shakl شكل
busy	mashghool مشغول	equality	mosawat مساواة
test	ekhtebar اختبار	hot	har حار
record	yosagel يسجل	miss	yafked يفقد
boat	yahzem يهزم	brought	hadar حضر
common	Shaae شائع	heat	hararh حرارة
gold	zahab ذهب	snow	thalg ثلج
possible	momken ممكن	tire	etar إطار
plane	taerah طائرة	bring	yahder يحضر
steady	thabet ثابت	yes	naam نعم
dry	gaf جاف	distant	baeed بعيد
wonder	yatagab يتعجب	fill	yamlaa يملا
laugh	yadhak يضحك	east	sharq شرق
thousand	alf ألف	paint	yarsem يرسم
ago	منذ	language	aloghah اللغة
ran	garah جرى	among	been بين

The Index

الفهرس

Arabic

For Non-native Speakers

Printed in the United States
By Bookmasters